U0471875

跨国公司在上海

创新人才配置与组织形态转变

单蒙蒙 著

上海财经大学出版社
SHANGHAI UNIVERSITY OF FINANCE & ECONOMICS PRESS

图书在版编目(CIP)数据

跨国公司在上海:创新人才配置与组织形态转变 / 单蒙蒙著. -- 上海 : 上海财经大学出版社, 2025. 7.
ISBN 978-7-5642-4726-3

Ⅰ.F279. 247

中国国家版本馆 CIP 数据核字第 2025VC8437 号

□ 责任编辑　杨　闯
□ 封面设计　张克瑶

跨国公司在上海:创新人才配置与组织形态转变

单蒙蒙　著

上海财经大学出版社出版发行
(上海市中山北一路 369 号　邮编 200083)
网　　址:http://www. sufep. com
电子邮箱:webmaster@sufep. com
全国新华书店经销
上海颛辉印刷厂有限公司印刷装订
2025 年 7 月第 1 版　2025 年 7 月第 1 次印刷

710mm×1000mm　1/16　13. 75 印张(插页:2)　202 千字
定价:78. 00 元

前　言

跨国公司是全球人才、资本、技术、数据等重要生产要素在国家间流通及再配置的重要经济载体。跨国公司是上海经济社会发展的重要组成部分，也是参与上海市建设具有全球影响力的科技创新中心的重要力量。截至2024年年底，上海累计引进跨国公司地区总部1 016家、跨国公司研发中心591家，是中国跨国公司总部最集中的内地城市。

面对逆全球化盛行、国际地缘政治紧张、跨国公司全球产业链和价值链调整与重构等新形势，越来越多的在沪跨国公司逐步由企业内部封闭体系开展的“内源式创新”转变为与外部创新资源相结合的“外源式创新”，由自成一体的“封闭式创新”转变为更加开放、更强调合作的“开放式创新”，在沪跨国公司研发机构组织形态正从研发中心向创新中心转变，组织功能正从“引进全球创新”向“孵化本土创新”转变。

党的二十大报告提出，要坚持面向世界科技前沿、面向经济主战场、面向国家重大需求、面向人民生命健康，加快实现高水平科技自立自强。生物医药企业的科技自立自强关乎人民生命健康，是满足人民对美好生活向往的重要产业保障。以原创科技创新为动力，以人民健康需求为导向，以面向人民生命健康为原则，是生物医药企业始终如一的发展方向。作为上海重点发展的三大先导产业之一，生物医药产业的高质量发展，有利于上海发挥高端产业引领功能和科技创新策源能力，助力上海建设全球科创中心。

跨国公司在上海生物医药产业发展中有至关重要的作用，跨国生物医药企业不仅是全球生物医药产业发展的桥梁与纽带，也是中国本土发展的重要参与者，对推动我国本土产业高质量发展、加强我国与国际组织技术合作、带动我国融入全球产业链等有着至关重要的作用。截至2024年，上海市累计拥有生物医药企业4 130家，上海市外资生物医药企业数量占比约6成，全球药企前20强企业中的18家、全球医疗器械企业前20强中的18家都已在上海设立中国区总部、研发中心或生产基地。

本书以生物医药跨国公司为主要研究对象，通过文献梳理和经典跨国公司企业案例研究相结合的方式，展开对在沪跨国公司参与创新人才市场配置、提升东道国市场组织创新能力的分析，并着重探讨在沪跨国公司研发机构功能转变与组织形态演变趋势。

通过北京、深圳、苏州、杭州、东京、新加坡、纽约、伦敦等国内外城市人才政策的对比分析以及经典案例的深度研究，本书从资源配置效率、知识产权保护、人才引进政策、地理区位、创新环境等视角，总结了在沪跨国公司人才集聚、人才溢出等配置机制，这对于上海吸引、聚集、培育具有基础优势的领域引领性的优秀人才，优化海内外人才结构，推动上海人才队伍的合理配置具有重要的参考价值。同时，本书还总结了上海市在跨国公司及其海外人才引进方面的优势与劣势，并提出了建设创新人才高地的对策建议。

通过对美国强生、美国礼来、英国阿斯利康、德国默克、瑞士罗氏等跨国公司研发机构的纵向多案例研究，本书探讨了在沪跨国公司研发机构的组织形态、运作模式与功能转变历程，归纳跨国公司孵化本土创新项目、促进本土创新项目从实验室走向市场的机制与运作的一般化模式，并从政府政策引导、本土和跨国公司参与的角度，提出加强跨国公司人才配置、提升上海全球科创引领能力的对策建议。

本书的研究内容对于进一步吸引和鼓励跨国公司开放式创新平台建设以进一步提升本土组织自主创新能力具有一定的参考价值，对当前上海高质量吸引跨国公司和使用跨国公司、实现从“政策创新”走向“制度创新”具有理论和实践意义。

目　录

1 导 论

1.1 研究背景、研究目的与研究意义

1.1.1 研究背景

党的二十大报告提出,要坚持面向世界科技前沿、面向经济主战场、面向国家重大需求、面向人民生命健康,加快实现高水平科技自立自强。生物医药企业的科技自立自强关乎人民生命健康,是满足人民对美好生活向往的重要产业保障。以原创科技创新为动力,以人民健康需求为导向,坚持面向人民生命健康,是生物医药企业始终如一的发展方向。作为上海重点发展的三大先导产业之一,生物医药产业的高质量发展有利于上海发挥高端产业引领功能和科技创新策源能力,助力上海建设全球科创中心。

作为中国国际经济中心,上海正吸引着越来越多的跨国公司在沪建立研

发中心。2020 年，上海市全面贯彻落实《外商投资条例》[①]，强化上海开放枢纽门户功能，实现了“十四五”时期利用跨国公司的开门红。作为上海嵌入全球创新网络的重要连接点，在沪跨国公司研发机构发展态势良好，科创策源功能不断加强，这有利于进一步提升上海市生物医药企业行业的创新活力。跨国公司在上海生物医药产业发展中有至关重要的作用，跨国生物医药企业不仅是全球生物医药产业发展的桥梁与纽带，也是中国本土发展的重要参与者，对推动我国本土产业高质量发展、加强我国与国际组织技术合作、带动我国融入全球产业链等有着至关重要的作用。截至 2024 年，上海市累计拥有生物医药企业 4 130 家[②]，上海市外资生物医药企业数量占比约六成，全球药企前 20 强企业中的 18 家、全球医疗器械企业前 20 强中的 18 家都已在上海设立中国区总部、研发中心或生产基地。[③]

受到逆全球化、国际地缘政治、全球疫情冲击等因素影响，全球生物医药产业发展目前进入了新的战略机遇期。一方面，各国政府在关键技术方面开始减少对国外的依赖，跨国公司出于产业布局上的政治经济因素考量，开始大幅度调整在华、在沪的研发布局，部分高新技术企业甚至开始向美国、欧洲等发达地区国家迁移；另一方面，中国本土企业与组织的科技创新能力与自主研究能力迅速崛起与迅猛发展，吸引了大量跨国公司的研发、设计等环节不断在中国市场集聚。在此背景下，为进一步寻求技术突破，我们应视跨国公司区域合作发展呈现出的趋势为进一步寻求技术突破、促使跨国公司产生区域合作发展的趋势。越来越多的在沪跨国生物医药企业正逐步由封闭式创新向开放

① 上海市商务委员会. 上海市外商投资条例[EB/OL]. [2025－03－25]. https://sww.sh.gov.cn/swdt/20201012/1fbecfc2d2264e6db9f7c0c00fb9eb20.html

② 杨立青. 上海市生物医药产业发展简报(2024 年)[EB/OL]. [2025－03－31]. http://mp.weixin.qq.com/s?_biz=MzI5NzY0NDQyNQ==&mid=2248390595&idx=4&sn=0157f2eb171fad53070c06cfa39b7aa3&chksm=ee2c8746d99f741caf1cbf0679daea7e5cf035a67a98176ffb441b80cb56daa9fccdd694d24f#rd.

③ 东方网. 上海生物医药产业快速增长且外资贡献显著，外资生物医药企业数量占比约六成[EB/OL]. [2025－03－29]. https://j.021east.com/p/1732011474041232.

式创新模式发展，在沪跨国公司研发机构组织形态及功能正快速从研发中心向创新中心、从“引进全球创新”向“孵化本土创新”转变，通过开放供应链、产业链，带动孵化本土初创企业。张江科学城作为生物医药企业集聚的重要产业园区，汇聚了上海全市70%的生物医药产能，10家全球20强医药企业已经在张江设立开放创新中心①，这为上海市培育优秀人才提供了新平台，也为助力跨国公司在沪本土化、高端化发展提供了新途径。

跨国公司研发中心的创新升级依赖于高端科技人才的合理配置。在沪跨国公司研发机构为本地提供了高质量的就业岗位，并通过培训体系提升科技人才的成长速度，形成了人才集聚效应和人才溢出效应。然而，这一人才配置效应的充分发挥，离不开政府层面的政策支持。2014年，上海完善地方教育附加专项资金分配使用办法，通过发放职工职业培训补贴，培养和造就高素质人才队伍，进一步提升上海重点产业领域的人才竞争比较优势。② 2017年，上海发布《上海市人民政府关于进一步支持跨国公司研发中心参与上海具有全球影响力的科技创新中心建设的若干意见》③，简化了外籍人才出入沪手续，促进了海内外人才在沪交流融合，吸引、激励国际高端人才在上海的聚集。上海市2018年发布的《人才高峰工程行动方案》④、2022年出台的《上海市社会

---

① 药谷君. 这些重大项目，照亮了张江生物医药产业的未来！[EB/OL].[2025-03-22]. http://mp.weixin.qq.com/s?_biz=MzA4Nzg3NTYyMQ==&mid=2247632047&idx=3&sn=6abe1744b2515fbc6231ac36c9f1d16a&chksm=9129f59e2f8292933baafc7331e2798d0335608f41823e39fceb393367d73b70fa1ace80cbb8#rd.

② 上海市人民政府. 上海市财政局等关于印发《关于进一步完善地方教育附加专项资金分配使用办法加强企业职工职业培训的实施意见》的通知[EB/OL].[2025-03-22]. https://www.shanghai.gov.cn/nw49069/20200929/0001-49069_65091.html.

③ 上海市人民政府. 关于进一步支持外资研发中心参与上海具有全球影响力的科技创新中心建设的若干意见[EB/OL].[2025-03-22]. https://www.shanghai.gov.cn/nw42638/20200823/0001-42638_54238.html.

④ 人民日报. 上海发布人才高峰工程行动方案[EB/OL].[2025-03-22]. https://www.gov.cn/xinwen/2018-03/27/content_5277632.htm.

工作人才队伍建设“十四五”规划》[①],均着力在上海具有基础优势的领域聚集引领性的优秀人才,优化海内外人才结构,推动上海人才队伍的合理配置。

随着人才政策的不断优化,上海在全球生物医药产业中的竞争优势日益显现。与此同时,为了进一步巩固其在全球生物医药创新体系中的核心地位,带动生物医药产业“高端化、智能化、国际化”发展,上海市正在加速构建生物医药从研发和制造环节到临床和应用环节的政策支撑体系。2022 年 11 月 21 日,上海市人民政府发布《上海市加快打造全球生物医药研发经济和产业化高地的若干政策措施》,从提升研发能力、引进创新总部、建设孵化平台、促进成果转化等方面提供政策支持,助力上海形成全球生物医药研发经济和产业化高地发展格局。2023 年 12 月 28 日,上海市人民政府发布《上海市推进国际贸易中心建设条例》,建立生物医药研发用物品进口试点联合推进机制,为生物医药企业或者研发机构进口研发用物品提供政策支持,提高生物医药企业及研发机构进出境特殊物品的便利性等。[②]

随着全球生物医药产业格局的重塑,当前在沪跨国公司生物医药研发机构的角色和功能正在发生深刻变革,逐步从技术引进者向本土创新孵化者转型。人才作为科技创新的核心要素,在跨国公司研发机构的组织模式演变和创新生态构建过程中发挥着关键作用。上海市政府正努力推动人才政策的持续优化和生物医药产业政策的完善。然而,在此过程中,如何优化跨国公司研发机构的人才配置效应,如何通过组织形态创新促进本土企业协同发展,仍然是亟待解决的关键问题。因此,本书基于跨国公司创新理论、全球价值链(GVC)理论、产业集聚理论、协同创新理论等相关理论,围绕跨国公司研发机构的人才配置效应与组织形态演变,探讨其对上海生物医药产业升级、科技创

① 上海市民政局. 上海市社会工作人才队伍建设“十四五”规划[EB/OL]. [2025－03－22]. https://mzj.sh.gov.cn/mz-jhgh/20220315/23b4413667254a4cbaf0064f60791112.html.

② 上海人大. 公告《上海市推进国际贸易中心建设条例》全文公布[EB/OL]. [2025－03－22]. https://mp.weixin.qq.com/s/6UTWhwpHAZ57b0OfLiWIAQ.

新能力提升及全球竞争力构建的影响，提出相应的对策建议。

1.1.2 研究目的

在全球经济格局深刻调整、科技创新加速演进的背景下，跨国公司研发中心在全球创新网络中的角色日益凸显。当前，上海正加快建设全球科技创新中心和世界级生物医药产业集群，跨国公司研发中心在科技资源配置、人才集聚与创新生态构建方面的作用亟需深入研究。基于此，本书从跨国公司研发中心的人才配置效应与组织形态及功能演变两个核心维度，系统探讨其对上海科技创新能力和生物医药产业升级的影响，为上海优化全球科技资源配置、提升本土创新能力、建设国际化生物医药创新生态提供理论依据和政策建议。本书的目标包括以下几个方面：

(1)本书聚焦跨国公司研发中心的人才配置机制，分析其在吸引、培养和整合全球高端科技人才方面的作用，探索人才流动对创新产出的影响，并结合全球化进程新趋势，对比国内外主要创新型城市的人才政策，总结上海在全球人才竞争中的优势与挑战。基于此，提出上海如何通过制度创新、激励机制优化等手段，进一步增强跨国公司研发中心在全球人才配置中的战略地位，推动本土科技人才体系建设，加速形成国际化、高水平的创新人才高地。

(2)本书系统梳理跨国公司研发机构在沪的发展历程与组织形态演变路径，总结其影响因素，探索开放创新平台、合作创新网络、孵化器等不同模式在生物医药行业中的应用，分析跨国公司研发中心如何通过与本土企业、科研机构的协同创新，实现资源共享、技术溢出和创新能力跃迁。

(3)本书以生物医药行业为典型案例，结合国内外成功经验，提出如何通过政府政策引导、企业自主创新和跨国公司开放合作，加快建设集创新策源、高端制造、全球资源配置于一体的世界级生物医药产业集群，提升上海生物医药行业的国际品牌影响力，形成具有全球竞争力的开放式创新生态体系。

(4)本书结合经济全球化新趋势和后疫情时代的经济社会发展特征，系统梳理跨国公司研发机构的政策环境、人才引进机制和开放创新模式，为政府进一步优化跨国公司在沪发展的政策体系提供决策依据。基于"政府政策引导+企业创新主体参与"的双重角度，探索如何进一步吸引和鼓励跨国公司在上海设立创新总部、打造开放创新生态、构建开放式创新平台，加快建设生物医药世界级产业集群，为构建开放融通的生物医药产业创新格局提供决策依据。

1.1.3　研究意义

跨国公司研发中心是吸引、聚集和配置全球科技人才资源的重要经济载体，对于上海建设全球科技创新中心、提升科技创新的国际竞争力具有重要作用。研究在沪跨国公司研发中心的人才配置效应与创新组织形态演变，有助于优化全球科技资源的配置，推动本土企业融入全球创新网络，实现技术突破和产业升级。本书的意义主要体现在以下几个方面：

(1)跨国公司是上海经济社会发展的重要组成部分，其在沪研发中心承载着国际科技资源的流入、人才创新要素的集聚与配置。研究跨国公司研发中心的人才配置机制和组织形态变迁，有利于促进全球人才创新要素在上海的有效配置，也有助于推动在沪跨国公司研发中心以及相关科研机构参与全球创新网络体系，对上海市进一步提升城市整体创新活力、发挥科技创新策源功能、建设国际科技创新中心具有重要意义。

(2)生物医药产业是上海市重点发展的三大高端产业之一，跨国公司在该领域的布局对上海建设国际生物医药创新高地具有至关重要的作用。本研究通过探讨跨国公司研发中心在人才配置与组织形态演变方面的规律，能够为上海市优化生物医药产业创新生态提供决策支持，助力其发挥产业引领作用，增强科技创新策源能力。

(3)上海通过有效引导和促进跨国公司研发中心"引得进、留得住和发展好"的战略布局，在提升科技人才素质总体水平的同时，带动全国人才梯队建设,实现科技强国和经济高质量发展。上海作为经济发展的龙头城市,可以通过高水平的对外开放和跨国公司引入政策进一步发挥其引领、示范和带动作用,在促进跨国公司总部和研发中心落地上海的同时,有效积累智力、技术等资源,在上海自身发展转型和城市功能升级的同时,辐射并引领全国合理使用跨国公司、建设人才梯队,有力增加我国在科技创新领域的国际竞争力,实施国家创新驱动发展战略。

(4)当前在沪跨国公司生物医药企业在孵化本土创新项目、促进本土创新成果从实验室走向市场的机制与运作模式尚未得到充分研究。如何进一步吸引和鼓励跨国公司建设开放式创新平台,以提升本土组织的自主创新能力,是亟待深入探讨的关键问题。本书通过揭示跨国公司创新战略转型的内在机制与动态过程,推动跨国公司与本土创新的协同发展,助力中国生物医药产业迈向更高水平的创新与国际化发展。

(5)作为中国经济和科技创新的龙头城市,上海在吸引跨国公司总部和研发中心落地方面发挥了示范作用。通过合理引导跨国公司研发中心在华的组织形态演变和人才配置优化,上海能够提升自身科技创新水平,也能够为全国提供可复制、可推广的经验。本书通过对跨国公司创新组织模式、人才配置与协同创新机制的深入探讨,能够为政府制定相关政策提供理论支撑,助力国家创新驱动发展战略的实施,实现经济高质量发展。

1.2 研究内容与研究方法

1.2.1 研究内容

本书上篇探索了跨国公司创新人才配置效应,内容主要包括:

(1)上海市人才配置的现状及存在的不足。本书通过梳理上海、北京、深圳、苏州以及杭州五个典型国内城市以及东京、新加坡、纽约以及伦敦四个全球先进城市在高层次人才发展战略及人才培育方面的经验,研究上海市战略科技人才引进、培养及梯队建设方面的现状,对比分析上海市在人才引育方面存在的不足。

(2)跨国公司研发中心人才创新要素配置的现状及主要短板。本书以跨国公司研发中心为切入点,在梳理跨国公司研发中心区位布局与动态调整的影响因素和现有趋势的基础上,分析在沪跨国公司研发中人才创新要素配置的现状,归纳总结当前在沪跨国公司研发中心在引育人才方面存在的问题及制度瓶颈。

(3)跨国公司研发中心人才配置效应的机制研究。本书通过企业调研、文献梳理等方法分析在沪研发中心发展现状以及创新模式调整情况,同时根据上海市科技人才集聚现状和趋势,以生物医药企业为研究视角,从集聚效应、知识溢出效应等多个维度,总结归纳在沪跨国公司研发中心人才配置效应的实现机制以及与本土组织协同创新对本土组织引才引智的推动机制。

(4)上海市进一步吸引跨国公司研发中心落沪、引导本土组织与跨国公司合作以及跨国公司研发中心提升人才配置能力的路径研究。本书基于“宏观政策引导+微观组织参与+微观创新主体自我建设”的视角,通过探讨政府与跨国公司研发中心、本土组织与跨国公司研发中心的互动作用以及跨国公司研发中心内外部的联动作用,从吸引跨国公司研发中心落沪、促进跨国公司研发中心与本土企业协同创新以及跨国公司研发中心提升人才配置等角度,探究上海市进一步吸引、聚集和配置人才的新思路。

本书下篇探索了跨国公司创新组织形态与功能转变,研究内容主要包括:

(1)在沪跨国公司生物医药企业研发机构组织形态发展现状及主要短板。本研究结合当前全球生物医药企业发展新趋势,分析在沪跨国公司生物医药企业研发机构组织形态的发展现状和转变趋势,归纳总结当前在沪跨国公司生物医药企业研发机构功能升级过程中存在的问题及制度瓶颈。

(2)跨国公司生物医药研发机构组织的形态转变路径及模式选择研究。

本研究在梳理跨国公司研发组织模式相关文献的基础上，通过调研在沪跨国公司生物医药企业开放创新中心、孵化器等，分析在沪跨国生物医药企业的研发机构组织的存在形态，并归纳总结在沪跨国公司生物医药研发机构现行组织形态的运作模式。

(3)跨国公司开放式创新中心赋能本土创新组织发展的机制研究。通过探讨在沪跨国公司生物医药企业研发机构功能转变趋势，从资源配置、知识溢出、开放创新等多个方面总结跨国公司生物医药企业在沪设立的创新孵化器对本土科研项目以及初创企业的孵化机制、成果转化路径，为促进本土创新项目从实验室走向市场提供新思路。

(4)上海进一步吸引和鼓励跨国公司建设开放式创新平台的路径研究。本书基于“短期政策引导＋长期制度构建”的视角，从吸引跨国公司开放创新中心落沪、促进协同创新、优化营商环境等角度，为上海市进一步吸引和鼓励跨国公司建设开放式创新平台、带动提升本土生物医药企业创新能力、构建生物医药全球创新生态圈提供决策依据和理论支撑。

1.2.2 研究方法

本书综合运用跨国公司创新理论、全球价值链(GVC)理论、产业集聚理论、人力资本理论、协同创新理论、资源禀赋理论、竞争优势理论、开放创新理论等相关理论，采用定性与定量相结合、规范研究与实证研究互补的方法，从理论、实践两方面深入分析跨国公司在沪创新人才配置与组织形态的演化机制。从上海建设高水平人才高地、构建更高水平的全球创新网络的需求角度出发，在经济全球化新趋势以及人才强国战略背景下，为政府制定和调整跨国公司研发中心引入和鼓励政策、探索跨国公司研发中心提升人才创新要素配置能力、促进跨国公司研发中心与本土组织协同创新、优化跨国公司研发中心的组织形态提供决策依据和理论支撑。

(1)文献研究法。前期研究将采用文献分析的方法，在对跨国公司创新理论、开放创新理论、产业集群理论等相关理论进行回顾和梳理的基础上，系统收集和整理关于跨国公司研发中心区位选择、机构动态调整、科技人才集聚、组织形态变迁等方面的国内外研究成果，为课题的研究提供全面且系统的理论基础和逻辑依据。

(2)问卷调研法。基于前期对文献系统地梳理和回顾，针对跨国公司研发中心、与跨国公司研发中心存在协同创新合作关系的本土企业以及在沪产学研机构等组织设计调研问卷并实地调研。在设置受调研人才基本性信息的基础上，问卷内容包括受访企业研发中心的组织模式、人才引进与培养机制、与本土企业及科研机构的协同创新情况等，旨在收集相关数据，为模型构建和机制分析提供实证支撑。

(3)专家访谈法。本书从上海市生物医药企业入手，通过访谈的形式与生物医药企业的专家就在沪跨国公司研发中心人才配置的主要模式及优化方向、生物医药行业跨国公司研发机构的组织形态演变及其对本土创新生态的影响、本土企业与跨国公司协同创新的机制和挑战、政府政策对跨国公司研发机构布局和功能转型的影响等问题进行沟通与交流。本书通过专家访谈获取一手信息，以补充问卷数据的不足，为在沪其他行业的跨国公司研发中心以及本土组织提供人才培育与组织形态转变的经验以及可供改进和优化的方向。

(4)案例分析法。本书计划选取具有代表性的在沪跨国公司生物医药企业作为案例，深入分析其在沪研发机构的组织模式、人才配置策略、创新合作模式及其对本土创新体系的影响。通过整理和归纳在沪研发中心如何借助其人才配置优势带动并促进上海市人力资本升级和优化的机制，完善跨国公司研发中心提升人才要素配置功能的理论框架，并进一步探索跨国公司生物医药研发机构组织形态转变的路径及模式选择，为相关领域的深入研究提供实践依据。

本书的研究技术路线如图 1—1 所示。

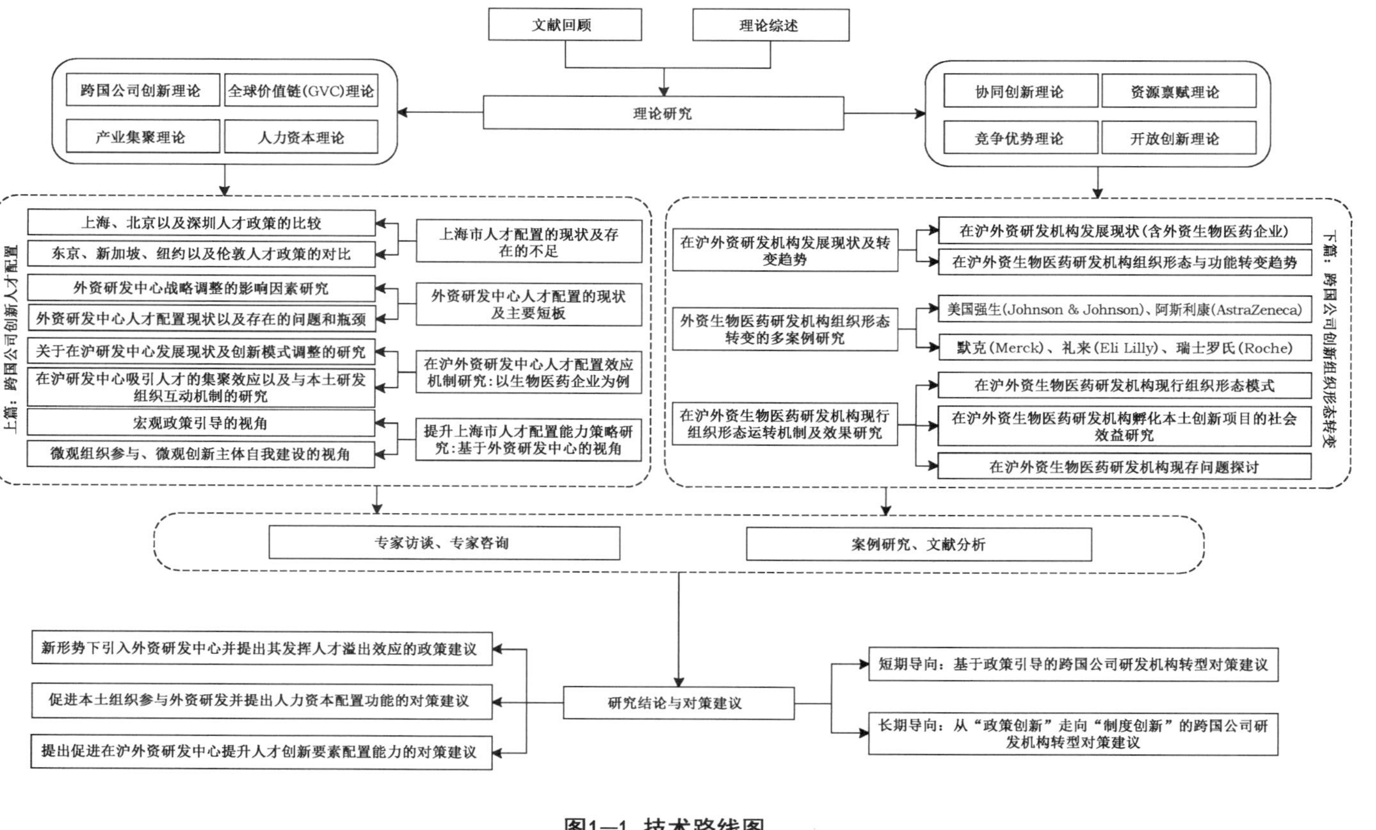
文献回顾
理论综述
理论研究
跨国公司创新理论
全球价值链(GVC)理论
产业集聚理论
人力资本理论
协同创新理论
资源禀赋理论
竞争优势理论
开放创新理论
上篇：跨国公司创新人才配置
上海市人才配置的现状及存在的不足
上海、北京以及深圳人才政策的比较
东京、新加坡、纽约以及伦敦人才政策的对比
外资研发中心人才配置的现状及主要短板
外资研发中心战略调整的影响因素研究
外资研发中心人才配置现状以及存在的问题和瓶颈
在沪外资研发中心人才配置效应机制研究：以生物医药企业为例
关于在沪研发中心发展现状及创新模式调整的研究
在沪研发中心吸引人才的集聚效应以及与本土研发组织互动机制的研究
提升上海市人才配置能力策略研究：基于外资研发中心的视角
宏观政策引导的视角
微观组织参与、微观创新主体自我建设的视角
下篇：跨国公司创新组织形态转变
在沪外资研发机构发展现状及转变趋势
在沪外资研发机构发展现状(含外资生物医药企业)
在沪外资生物医药研发机构组织形态与功能转变趋势
外资生物医药研发机构组织形态转变的多案例研究
美国强生(Johnson & Johnson)、阿斯利康(AstraZeneca)
默克(Merck)、礼来(Eli Lilly)、瑞士罗氏(Roche)
在沪外资生物医药研发机构现行组织形态运转机制及效果研究
在沪外资生物医药研发机构现行组织形态模式
在沪外资生物医药研发机构孵化本土创新项目的社会效益研究
在沪外资生物医药研发机构现存问题探讨
专家访谈、专家咨询
案例研究、文献分析
研究结论与对策建议
新形势下引入外资研发中心并提出其发挥人才溢出效应的政策建议
促进本土组织参与外资研发并提出人力资本配置功能的对策建议
提出促进在沪外资研发中心提升人才创新要素配置能力的对策建议
短期导向：基于政策引导的跨国公司研发机构转型对策建议
长期导向：从“政策创新”走向“制度创新”的跨国公司研发机构转型对策建议

图1—1 技术路线图

上篇

跨国公司创新人才配置

2 跨国公司创新人才文献综述

2.1 跨国公司研发中心区位选择与动态调整的相关研究

2.1.1 跨国公司研发中心区位选择的影响因素

1. 外部影响因素

(1)集聚效应。跨国企业在进行东道国研发中心选址时呈现出高度的集聚性特征,会倾向于选择相关产业高度集聚的城市或著名的科技园区,集聚效应是跨国公司研发中心选址考虑的重要因素。① 集聚区里的研发中心通过吸收消化获取的知识、信息,可以发现研发创新机会,建立良好的研发氛围,因此

① 胡璇,杜德斌. 外资企业研发中心在城市内部的时空演化及机制分析——以上海为例[J]. 经济地理,2019,39(7):129－138.

处于集聚区的企业的创新能力往往要比非集聚区的企业更高。[①]

(2)制度因素。制度因素是影响跨国公司研发中心选址的重要因素。跨国公司海外研发机构选址受东道国的政策法律环境(如知识产权保护等)的影响较大。[②] 东道国完善的知识产权法律法规有助于科技能力的培养,更好地保护科技研究的成果,在选址时,区位优势对跨国公司海外研发中心具有一定的吸引力。[③] 此外,东道国税收优惠、社会制度和政策体系的稳定性和可靠性等也会影响跨国公司的区位选择,为跨国公司提供包括税收减免在内的许多优惠政策,成为跨国公司研发机构的理想区位。[④]

(3)知识和人才资源供给。知识和人才资源要素也是影响跨国公司研发中心选址的重要因素。相较于一般的生产活动,研发活动具有高附加值和高收益性的特征,因此在区位决策时,相比土地租金、交通运输成本等传统区位因素,研发机构更重视资金、人才、信息、技术、创新、外部性等新经济地理因素,具有一定的区位竞争比较优势。[⑤] 由于资金具有较强的区域内空间流动性,对企业区位选择的影响相对较小,而知识、人才等要素的地方化锁定特性对研发企业特定区域集聚的影响较大。[⑥] 高层次的人才是研发活动的主体,因此科技实力强、产业基础良好、人才与信息密集的发达地区对跨国公司的集

---

① Gilbert B A, McDougall P P, Audretsch D B. Clusters, Knowledge Spillovers and New Venture Performance: An Empirical Examination[J]. Journal of Business Venturing, 2008, 23(4): 405—422.

② Kumar N. Determinants of Location of Overseas R8D Activity of Multinational Enterprises: The Case of US and Japanese Corporations[J]. Research Policy, 2001(30): 159—174.

③ Holmes R M, Haiyang Li, Hitt M A, Kaitlyn DeGhetto, Trey Sutton. The Effects of Location and MNC Attributes on MNCs' Establishment of Foreign R&D Certers: Evidence from China[J]. Long Range Planning, 2016, 49(5): 594—613.

④ 赵新正,宁越敏,魏也华. 上海外资生产空间演变及影响因素[J]. 地理学报,2011,66(10):1390—1402.

⑤ 韩剑. 基于集聚效应的我国企业 R&D 区位选择研究[J]. 软科学,2008(11):35—38.

⑥ 何舜辉,杜德斌,王俊松. 上海市外资研发机构的空间演化及区位因素[J]. 地理科学进展,2018,37(11):1555—1566.

聚具有一定的吸引力。[①] 由于大学和科研机构不仅是人才和知识的重要源头，也可以通过加强产学联系或以建设科技园区等形式来整合知识、技术和市场，跨国公司研发机构会倾向于布局在与其有密切合作的学研机构周边。[②]

(4)市场规模。市场规模也对跨国公司研发投资区位选择起决定性作用，是吸引跨国公司海外研发投资的重要因素，它既能反映东道国的经济发展状况，也能体现跨国公司所面临的市场大小。市场规模主要受消费者购买力和消费者需求两大因素制约。市场机会和本土潜在消费者的购买力可以助力跨国公司实现海外扩张。[③] 跨国公司在华设立研发机构的目的之一为维持当地销售额与利润的增长。考虑到这一经济因素，为了支持跨国公司在东道国的市场营销和生产，实施其本土化战略，在进行区位选择时，跨国公司倾向于在市场规模较大的地区开展研发投资。[④]

2. 内部影响因素

(1)跨国公司研发中心的角色。不同类型的研发中心在进行区位选择时存在差异。市场驱动型研发中心是跨国公司扩大出口及打破国际贸易壁垒需求下的产物，以在境外市场快速开发出适合当地消费者需求的新型产品、迎合市场的消费需求为目标，在选址时会倾向于选择市场规模较大、经济发展潜力较好的国家；技术导向型研发中心主要通过进入海外市场，获取东道国先进技术和管理类经验，从而快速地缩小与发达国家之间的技术差距，其倾向于布局在其所从事行业专业技术化程度较高的国家；资源寻求型研发中心重视当地特有的自然资源，它的首要投资动机是降低资源供给带来的生产成本，寻求东

① 李毅，时秀梅，周燕华，等. 跨国公司在华 R&D 区位演绎与决定因素——基于研发功能演化的视角[J]. 科研管理，2011，32(2)：59－66.

② 杨凡，杜德斌，段德忠，等. 城市内部研发密集型制造业的空间分布与区位选择模式——以北京、上海为例[J]. 地理科学，2017，37(4)：492－501.

③ Kolstad I，Villanger E. Determinants of Foreign Direct Investment in Service[J]. European Journal of Political Economy，2008，24(2)：518－533.

④ 聂萼辉. 跨国公司海外研发投资公共区位影响因素研究[J]. 对外经贸，2013(6)：40－42.

道国的廉价人力资源和其他研发资源,缓解资源供求矛盾,在区位选择时更倾向科技人才丰富、价格低廉、政策环境宽松的国家或地区。[①]

(2)跨国公司不同职能部门之间的空间关系。在东道国内,跨国公司不同职能部门之间的空间关系也会影响研发中心的选址。跨国公司在东道国设有总部与生产部门等的情况下,要考虑不同职能部门之间的空间关系。若与在母国的传统布局相似,跨国公司总部和研发中心位于相邻或者相同的地区,在选址时优先考虑总部所在城市,或者周边城市。一些跨国公司还会将具有互补性功能的不同职能部门聚集在同一地区[②],如将生产部门考虑在内,使研发与生产一体,或者使总部、研发、生产三者一体,实现不同功能在地理上的集聚。由于多个职能部门相近便于面对面沟通重要问题,减少信息成本,跨国公司研发中心倾向于选择在其总部或生产基地周边布局。[③]

(3)跨国公司行业属性。不同行业的跨国公司在研发中心的区位选择上存在差异。根据生产区段和服务链理论,制造类企业的生产经营活动由生产协调、信息沟通、金融运输等服务构成,因此制造类跨国企业在选址时会倾向于选择市场规模较大、交通便利程度较高、金融发展程度较高的地区;研发类跨国公司一般集中在城市功能突出、通信条件优良的地区,在区位选择时更关注该地区的科技条件与水平,倾向于布局在技术发达、劳动力资本较低、通信便捷的地区;营运类跨国公司的主要投资动机为寻求市场和追随客户[④],在区位选择时会受到良好的联络机制的吸引,倾向于选择地理位置优越、信息公开性和制度透明性较高、服务业发达程度较高的地区。[⑤]

---

① 马心竹.中国对外直接投资的动因分析[J].中国商贸,2014(29):139－140.

② 贺灿飞,肖晓俊.跨国公司功能区位实证研究[J].地理学报,2011,66(12):1669－1681.

③ 王俊松,颜燕.在华跨国公司功能区位的时空演化研究[J].地理科学,2016,36(3):352－358.

④ Kolstad I, Villanger E. Determinants of Foreign Direct Investment in Service[J]. European Journal of Political Economy, 2008,24(2):518－533.

⑤ 张宇馨.制造业 FDI 与服务业 FDI 区位决策的互动影响——基于我国省际面板数据的实证分析[J].山西财经大学学报,2012,34(2):46－55.

2.1.2　跨国公司研发中心创新模式动态调整

1.跨国公司研发中心创新战略变迁

自20世纪80年代末90年代初跨国公司在华设立第一批跨国公司研发中心以来，其经历了三个创新发展阶段。

第一阶段：本地产品服务阶段。

跨国公司研发中心的战略主要是探索市场，研发机构的形式大多为总部研发分支或中外合资，为辅助产品进入中国市场提供技术支持和服务。在这一阶段，跨国公司研发中心大多是为满足中国本土需求而设立，跨国公司只实现了针对产品的本地化改造，并没有实现真正意义上的技术转移。跨国公司在东道国的创新活动处于完全封闭的状态，暂未实现与东道国企业、高校等科研机构的创新要素之间的合作。①②

第二阶段：本地产品开发阶段。

由于中国消费市场存在巨大潜力，在华跨国公司设立的跨国公司研发中心数量不断增多，而且随着技术革命速度加快，面临日新月异的外部技术环境，创新效率和灵活性的重要性提升③，跨国公司研发中心开始选择与东道国的企业、科研机构开展一定程度的合作，研发适合中国市场的产品，缩短其对本地市场的适应周期。在这个阶段，跨国公司在东道国的创新活动开始大规模增加。此外，由于符合国内市场需求的技术创新能够降低技术创新的风险，并提供稳定的市场基础，而且国内持续的需求也可以为持续的技术创新提供市场条件，因此，国内本土化的市场需求也在一定程度上为跨国公司的技术创

---

①　吴启明.政府对跨国公司创新溢出效应的影响机制研究——以在沪跨国公司研发中心为例[J].上海经济，2019(4)：82－93.

②　宾建成，王宇琛.新基建背景下海外研发中心引进研究——基于东道国人力资本和知识产权保护视角的探讨[J].经济论坛，2020(8)：69－75.

③　朱晨，杨晔.本土企业与跨国公司合作研发诱发机制研究[J].科研管理，2018，39(10)：61－69.

新提供了方向。

第三阶段：全球战略研发阶段。

21 世纪以来，跨国公司设立在中国的研发中心的国际地位不断提升。中国政府放宽了外商投资限制，此时跨国公司研发中心或创新中心由合资形式转变为独资形式，这一阶段开展的研发活动对中国和全球都具有一定的战略意义。跨国公司借助在东道国建立的跨国公司研发、创新中心捕捉东道国市场需求，整合东道国优势创新研发资源要素，进而推动提升其技术创新能力以反哺应用到跨国公司全球研发网络。① 生物医药产业作为上海三大产业集群之一，是上海市产业发展的重要一环。自 2018 年以来，跨国公司生物医药企业开始调整在沪的研发布局，由早期创新成果在本土开发转变为迎合本土需求助力全球发展的产品研发。②

同时，受逆全球化、国际地缘政治、全球疫情冲击等因素影响，在沪跨国公司研发中心创新战略产生了变化，组织形态正由单一研发中心向创新中心、孵化器、研发平台等形式转变。5G 时代的到来意味着全球正开启新一轮的技术革命。以智能化、数字化、网络化为代表的科学技术变革已成为国家间权力和权威的象征之一。随着产业和技术快速更迭，跨国公司传统封闭的创新战略已经无法跟随时代快速变化的节奏，唯有开放创新、协同发展才能助力跨国公司实现新的突破。后疫情时代，一些行业，尤其是高科技行业，在贸易保护主义的压力和新工业革命的背景下走向产业回流，逆全球化、区域化趋势逐渐明显，各国政府在关键物资方面开始减少对国外的依赖，实施本土化创新战略。

---

① 张战仁，刘卫东，杜德斌. 跨国公司全球研发网络投资的空间组织解构及过程[J]. 地理科学，2021，41(8)：1345－1353.

② 黄烨菁. 促进跨国公司研发中心融入上海科技创新中心建设机制研究[J]. 科学发展，2018(2)：17－25.

此外，受新冠疫情的影响，跨国公司的全球产业链受到严重的冲击[①]，将进一步推动其重构全球产业链布局。作为技术革命的重要载体，跨国公司在科技创新发展方面又有着其他组织不可比拟的优势和作用。[②] 因此在沪跨国公司开始转变其跨国公司研发中心组织形态，从研发中心转变为创新中心，通过设立开放式创新中心，加入浦东新区大企业开放中心计划(GOI)，更多地将其核心研发、创新活动落地上海。[③] 通过与不同创新主体合作，跨国公司设立的跨国公司研发中心在实现自身技术进步和补充的同时助力本土企业加快研发速度、提高研发效率。

2.跨国公司研发中心研发模式转变

(1)内源式创新到外源式创新。从跨国公司的跨国公司研发中心发展阶段可以看出，跨国公司研发中心在我国的创新活动从内源式向外源式转变。过去较长时期内，跨国公司以内源式创新为主，研发活动较为封闭。[④] 内源式创新是基于企业组织构架进行的创新流程模式，其特点为企业参与程度高、企业自主性较强、侧重组织内部自主研发。内源式创新模式下，企业的创新驱动力来源于企业自身，在这一阶段，企业长期发展中累积的科技创新和创新人才要素在企业发展中具有重要的推动作用。然而，仅仅依靠内部力量，将无法满足消费者需求、获取国际竞争优势。随着科技革命和产业变革的加速，创新发明数量增加，市场环境变化增多，行业巨头们被倒逼着进入外源式创新阶段。

外源式创新是将从组织外部搜寻的新技术与组织内部技术知识相结合的

---

① Zhan J X. GVC Transformation and A New Investment Landscape in the 2020s: Driving Forces, Directions, and A Forward-looking Research and Policy Agenda[J]. Journal of International Business Policy, 2021, 4(2):206—220.

② Mao H, Liu G, Zhang C, Atif R M. Does Belt and Road Initiative Hurt Node Countries? A Study from Export Perspective[J]. Emerging Markets Finance and Trade, 2019, 55(7):327—336.

③ 人民日报. 抢抓新机遇，上海生物医药产业生机盎然[EB/OL]. [2025—03—22]. https://www.hubpd.com/hubpd/rss/toutiao/index.html? contentId=3458764513823033065.

④ 上海发展改革. 在沪跨国公司研发中心调研研究[EB/OL]. [2025—03—22]. https://sgh-services.shobserver.com/html/baijiahao/2020/06/17/207934.html.

动态过程，主要手段为技术并购、研发外包和合作创新等。在此阶段，跨国公司与东道国中的创新主体的互动会增加。合作是创新网络中外部知识源化的体现，跨国公司既可以向外部企业、大学和科研院所等提供研发资本，实现合作创新，也可以与外部科研机构等建立联盟合作关系。随着跨国公司进入外源式创新阶段，企业创新投入和技术革新风险也随之降低，创新绩效得以提高。① 随着在沪跨国公司研发中心创新活动由内源式转变为外源式，国际研发资源和本地创新要素的流动性将有所增长，这能够助力创新生态体系演化升级，培育初创企业、培养人才，并在技术研发、区域产业升级发展等多个方面实现溢出效应。

(2)封闭式创新到开放式创新。早期主导跨国公司的创新模式基本上是封闭式创新。② 这种创新模式的关键是对知识资源的控制，主要通过保护企业自主研发技术来保持企业的竞争力。在技术水平不足、知识产权保护制度不完善的东道国，跨国公司更倾向于在母公司及子公司内部进行“封闭式”的研发投入。③ 早期跨国公司建立实验室或研发中心的模式，主要目的是获得发展技术的“先手”，进而垄断产品市场。④ 随着全球经济的高速发展，面对日渐增加的研发压力，部分公司的创新模式开始从封闭式创新转变为开放式创新。

相对传统封闭式创新模式，开放式创新强调知识等外部要素在企业创新过程的作用。在开放式创新模式中，企业主要利用内外部创新要素来推动创新活动，利用内外部市场来促进创新成果的商业化，通过授权、外包或技术转

---

① 刘兰剑，李瑞婷.内部创新与外源创新谁更有效——来自ICT产业的证据[J].科技进步与对策，2019，36(15)：7－13.

② Chesbrough H. Open Innovation：The New Imperative for Creating and Profiting from Technology[M]. Harvard Business School Press，2003：21－41.

③ 郑飞虎，曹思未.跨国公司研发策略部署与开放式创新——来自中国的新发现[J].南开经济研究，2021(4)：20－41.

④ 袁润兵，李元旭.跨国公司知识来源与开放式创新[J].商业时代，2006(5)：6－7.

移等方式实现企业内部闲置的创新资源和成果的共享，最终实现企业创新效率的增长。[①] 东道国的技术水平、知识产权保护制度可以帮助跨国公司更好地保护自身技术，因此，处于这样的东道国的跨国公司更倾向于和本土组织开展高技术价值的研发合作，进行开放式创新。随着中国本土创新水平的整体提升，跨国企业在华跨国公司研发中心的创新模式逐渐从封闭式创新向开放式创新转变，越来越多跨国公司研发中心开始以更加开放的心态和形态与本土组织合作。

2.2　科技人才集聚的相关研究

2.2.1　区域科技人才集聚的影响因素

科技人才集聚是指伴随科技型人才的转移，很多相似或者同种科技型人才按照特有的关联，在特定行业或者特定地区所形成的集聚现象。人才集聚是由人才个体需求与区域要素相互作用而产生的。已有的关于区域科技人才集聚影响因素的研究可以分为经济发展因素、产业规模因素、创新环境因素以及社会环境因素。

1. 经济发展因素

经济发展水平较高的城市往往具备更优良的产业结构、市场环境，能为科技人才提供更好的发展、晋升平台。科技人才总是从经济欠发达区域向经济发达区域流动，由生产要素低的地区向生产要素高的地区流动。[②]

此外，地区收入水平也是影响科技人才集聚的重要因素。经济发展水平

① 沈斌. 高科技企业更适合开放式创新[J]. 中国外资，2022(11)：29－31.

② 黄兴原，司洋洋，徐川，邵艳娇. 科技人才集聚的影响因素与集聚效应优化研究[J]. 智库时代，2020(14)：7－8.

高的城市一般地区收入水平也较高，能更好地满足科技人才基础的物质保障和上层精神需求，进而吸引科技人才集聚。工资水平、地区经济实力和社会福利等成为吸引创新型人才集聚的经济适宜性因素。① 也有研究发现，地区人均 GDP 对人才集聚具有积极影响。② 通过对中国科学院 1 192 名院士的研究，有学者指出区域人均 GDP、区域人均收入是导致院士分布不平衡的重要原因。③

2. 产业规模因素

人力资本作为生产力的重要组成要素，其空间分布取决于生产力的空间分布，而产业集聚是生产力集聚的外在表现形式。专业技术人才会受产业集聚的影响，在空间上形成集聚。④ 人才集聚效应与产业集聚的发展过程保持动态同步。⑤ 产业集聚具有吸引人才集聚的"羊群效应"，先前转移的人才作为"领头羊"引发更多的人才追随，同时人才集聚会进一步促进产业集聚，产生生产力倍增效应。

此外，科技人才集聚与高技术产业的发展也紧密相关。北京中关村高科技产业的规模引力、竞争引力和协同创新引力使得中关村成为我国科技人员和智力资源最密集的地区。⑥ 高技术产业往往拥有丰富的创新资源，能够为科技人才提供相互学习、研发创新的平台，进而促使高素质人才自发地在高技

---

① Palivos T, Wang P. Spatial Agglomeration and Endogenous Growth[J]. Regional Science and Urban Economics, 1996, 26(6):645－669.

② 张美丽，李柏洲. 中国人才集聚时空格局及影响因素研究[J]. 科技进步与对策，2018，35(22):38－44.

③ 李瑞，吴殿廷，鲍捷，邱研，王维. 高级科学人才集聚成长的时空格局演化及其驱动机制——基于中国科学院院士的典型分析[J]. 地理科学进展，2013，32(7):1123－1138.

④ Krugman P. Geography and Trade[M]. Cambridge:The MIT Press,1991.

⑤ Ahokangas P, Hyry M, Rsnen P. Small Technology-based Firms in a Fast-growing Regional Cluster[J]. New England Journal of Entrepreneurship,1999(2):19－26.

⑥ 黄江泉，汪普庆. 人力资本集聚的机理研究——以长株潭地区人力资本集聚情况为例[J]. 中国人力资源开发，2010(11):5－8.

术产业发达地区聚集起来。[①] 高技术产业的快速发展将促进产业内部分工与趋于精细化，而专业化、精细化的分工则进一步促使具备相关知识和技能的科技人才在同一空间集聚。[②]

3. 创新环境因素

良好的区域创新环境有利于科技人才研发活动的开展和潜能发挥，从而显著促进区域科技人才集聚。而已有研究发现，政府创新政策、科技投入、创新市场环境是影响区域创新环境的重要因素。

首先，政策支持对一个地区的人才吸引力起到了至关重要的作用。有学者将创新型城市试点设立作为一项准自然实验，结果表明创新型城市试点政策能够显著提高科技人才集聚水平。[③] 此外，省级政府出台的以人才激励、科研管理、人才服务、自主研发为主的人才政策对省内科技人才集聚起到了正向促进作用。[④] 比如浙江省现有的人才安全政策、人才激励政策等为该省的科技人才聚集提供了重要保障。[⑤]

其次，科技人才集聚与地区科研投入也紧密相关，政府对科技投入的力度与创新人才集聚具有很强的相关性。[⑥] 区域研究与试验发展(R&D)经费和高技术产业增加值正向影响科技人才聚集。[⑦] 有学者通过对“杰青”和“长江学

---

① 裴玲玲. 科技人才集聚与高技术产业发展的互动关系[J]. 科学学研究，2018，36(5)：813－824.

② 牛冲槐，张帆，封海燕. 科技型人才聚集、高新技术产业聚集与区域技术创新[J]. 科技进步与对策，2012，29(15)：46－48，50－51.

③ 张扬. 创新型城市试点政策提升了科技人才集聚水平吗——来自240个地级市的准自然实验[J]. 科技进步与对策，2021，38(12)：116－123.

④ 李慷，黄辰，邓大胜. 省级科技人才政策对科技人才集聚的影响分析[J]. 调研世界，2021(7)：41－47.

⑤ 盛亚，于卓灵. 浙江省科技人才集聚的政策效应[J]. 技术经济，2015，34(6)：43－47，84.

⑥ Frenzen P D. Economic Cost of Guillain Barre Syndrome in the United States[J]. Neurology，2008(71)：21－27.

⑦ 纪建悦，张学海. 我国科技人才流动动因的实证研究[J]. 中国海洋大学学报：社会科学版，2010(3)：65－69.

者”的区域分布进行研究，发现经济因素在吸引科技人才方面发挥的作用相对有限，而区域研发经费的投入强度越高、拥有一流高等学校的数目越多，越可以显著促进高端科技人才集聚。①

最后，创新市场环境也是影响科技人才聚集的重要因素。城市外商投资活跃度是创新市场环境的重要体现，外商投资可引进国外先进管理经验、技术等并激发创新积极性，进而有利于吸引科技人才集聚。② 营商环境影响着企业创新动能的释放，是创新的基础支撑，是创新市场环境的重要组成，不断优化营商环境有助于降低交易成本和创新风险，促使市场竞争环境公平有效，吸引人才到来。③ 具体来看，改善营商环境在早期阶段对科技人才的集聚有积极影响，在中期阶段会呈现出上下波动的特点，后期则形成长期稳定的人才集聚效应。④

4. 社会环境因素

社会硬环境方面，城市基础设施是激发人才集聚的硬件支撑，优化城市基础设施能够满足人才生活、工作、社交等高层次的需求。城市公共服务水平（如交通便利程度、医疗基础设施等）直接影响着各类人才在该地区生活的舒适度和便利性，较高的生活便利度是影响某地人才吸引力的重要因素。城镇化快速推进也为人才集聚提供了契机与平台，对人才集聚具有促进作用。开放性代表了一个地区愿意接纳其他地区人口的程度，一个地区的开放程度越高，人才进入该地区的壁垒越小，也就越容易融入该地区并为其创造财富。因此，地区开放性对人才集聚有促进作用。此外，城市优良的不动产投资结构赋

---

① 韩联郡，李侠.研发活动、科学文化土壤与高端科技人才集聚[J].科学与社会，2018，8(4)：80－93.

② 郭金花，郭淑芬，郭檬楠.城市科技型人才集聚的时空特征及影响因素——基于285个城市的经验数据[J].中国科技论坛，2021(6)：139－148.

③ 李娟，马丽莎.营商环境对企业家精神的影响研究[J].商业经济，2020(2)：105－107.

④ 鲁大为，庞云枫，薛国琴.营商环境改进与科技人才集聚度提升的动态效应研究[J].绍兴文理学院学报：自然科学版，2021，41(3)：85－94.

予了创新集聚活动特权，同时对创新型人才的集聚产生重要影响。①

社会软环境方面，宜居城市一般具有良好的居住空间环境、自然生态环境、适宜的气温条件、宽广的林荫道系统等，能为各类人才提供舒适的生活基础，进而吸引科技人才集聚。② 文化环境也是科技人才赖以生存、发展的社会软环境的重要组成，良好的文化环境不仅能为科技人才的成长提供深厚底蕴，也促成了对科技人才的社会贡献予以高度评价和尊重的社会氛围。③ 高等教育发展水平较高、文化氛围较浓厚的地区在培养、吸引和留住人才方面具有更大的优势。④

2.2.2 科技人才集聚效应研究

人才集聚是人才流动的产物，当人才流动达到一定规模时就会产生人才集聚现象，若人才集聚内外环境比较适宜，人才集聚就会出现加总作用，形成人才集聚效应。在人才相对比较集中、知识密集的科技型组织中，人才集聚的现象与效应更加显著。

1. 人才集聚效应分析

人才聚集效应包括八个方面，分别为信息共享效应、知识溢出效应、创新效应、集体学习效应、激励效应、时间效应、区域效应、规模效应。⑤ 知识型人才集聚具有内部效应和外部效应，内部效应是指人才集聚带来的知识产品和服务创造力的提高，表现为协作效应、学习效应、竞争效应和节约效应；外部效

---

① 张所地，张婷婷，赵华平，等. 城市不动产投资结构对科技人才集聚的门限效应[J]. 科学学研究，2020，38(8)：1408－1416.

② 苏楚，杜宽旗. 创新驱动背景下 R&D 人才集聚影响因素及其空间溢出效应——以江苏省为例[J]. 科技管理研究，2018，38(24)：96－102.

③ 霍丽霞，王阳，魏巍. 中国科技人才集聚研究[J]. 首都经济贸易大学学报，2019，21(5)：13－21.

④ 姜怀宇，徐效坡，李铁立. 1990 年代以来中国人才分布的空间变动分析[J]. 经济地理，2005(5)：702－706.

⑤ 牛冲槐，接民，张敏，等. 人才聚集效应及其评判[J]. 中国软科学，2006(4)：118－123.

应是指人才集聚带来的外部经济性,包括引致效应、品牌效应和示范效应。[①] 科技型组织人才集聚效应主要表现为竞争与协作效应、知识溢出效应和群体联动效应,具体的竞争与协作效应是指人才在科技型组织的集聚形成一种既高度竞争又高度合作的竞合关系;知识溢出效应是指人才在集聚条件下面对面交流的机会增加,缩短知识传播的距离,加快知识的渗透、扩散;群体联动效应是指人才集聚将组织的每一个人才个体联结起来,将个体知识转化为群体知识或组织知识,进而转化为组织生产力而实现集聚价值。[②]

2.科技人才集聚效应的后果研究

人才作为科技创新的第一资源,是提高经济发展水平、提升产业竞争力的核心要素,在推动经济高质量发展方面发挥重要作用。科技人才集聚不仅可以更好地实现自身价值,还可以通过集聚效应、知识、信息及技术等溢出效应使集聚地获得先发优势,从而加速当地技术创新、产业结构优化等,最终促进区域经济快速发展。

(1)创新能力。区域创新人才要素的动态流动促进了知识的空间溢出,且创新人才要素的有效集聚是提升区域创新绩效的关键。在人才聚集过程中,人们面对面交流沟通并彼此学习,产生知识创新及知识溢出效应,从而增加规模以上工业企业发明专利数量。区域内科技型人才集聚会促进区域智力资本、关系资本积累[③],因此,科技人才的集聚有助于增加区域知识存量,提高区域生产效率及资源配置效率,进而提升区域高技术产业创新绩效。[④]

---

① 张体勤,刘军,杨明海.知识型组织的人才集聚效应与集聚战略[J].理论学刊,2005(6):70—72.

② 王伟,王海斌.科技型组织人才集聚效应研究[J].大连理工大学学报:社会科学版,2019,40(4):74—80.

③ 牛冲槐,杜弼云,牛彤.科技型人才聚集对智力资本积累与技术创新影响的实证分析[J].科技进步与对策,2015,32(10):145—150.

④ 宛群超,袁凌,谭志红.科技人才集聚、市场竞争及其交互作用对高技术产业创新绩效的影响[J].软科学,2021,35(11):7—12.

此外,科技人才集聚会带来空间溢出效应,但研究者没有得出一致的结论。有学者发现,科技人才集聚的规模效应、知识溢出效应、竞争激励效应、环境优化效应会对区域技术创新产生显著的正向空间溢出效应[①];全国科技人才分布相对集中有助于提升各地区专利创新效率、产品创新效率,且作为人才高地的科技创新中心将通过扩散效应促进周边地区创新效率提升。[②] 而一些学者则发现,虽然科技人才集聚有助于促进本地高技术产业创新绩效的提升,但同时又会对抑制关联地区高技术产业创新绩效产生抑制效果。[③] 在市场机制的作用下,创新高地周围的优质创新要素会逐渐涌向各种创新主体与创新产业集聚的创新领先地区,造成研发要素的错配与市场扭曲,反而对人才聚集地关联地区的高技术产业创新绩效产生负面影响,导致"强者越强、弱者越弱"的两极分化现象。

(2)产业集聚。科技人才集聚的信息共享、知识溢出、创新等集聚效应使得集聚区企业规模不断扩大,企业数量不断增加,从而进一步促进产业集聚。人才是跨越地域差异对高技术产业发展产生重要影响的因素[④],科技人才的集聚效应可以加快创新资源在产业内集聚,提高产业创新能力和竞争力,进而促进高新技术产业的发展。[⑤] 第一产业集聚可以促进人才集聚,人才集聚又可以推动第二产业转型升级,人才产业集聚和第三产业集聚相互影响,两者互

---

① 孙红军,张路娜,王胜光.科技人才集聚、空间溢出与区域技术创新——基于空间杜宾模型的偏微分方法[J].科学学与科学技术管理,2019,40(12):58—69.

② 徐斌,罗文.价值链视角下科技人才分布对区域创新系统效率的影响[J].科技进步与对策,2020,37(3):52—61.

③ 宛群超,袁凌,谭志红.科技人才集聚、市场竞争及其交互作用对高技术产业创新绩效的影响[J].软科学,2021,35(11):7—12.

④ 曹雄飞,霍萍,余玲玲.高科技人才集聚与高技术产业集聚互动关系研究[J].科学学研究,2017,35(11):1631—1638.

⑤ 裴玲玲.科技人才集聚与高技术产业发展的互动关系[J]. 科学学研究,2018,36(5):813—824.

为因果关系。[①] 科技人才集聚与战略性新兴产业集聚存在明显的双向促进作用，战略性新兴产业提供的创新平台吸引了科技人才集聚的同时，科技人才集聚也能够赋能战略性新兴产业的集聚与发展。[②]

(3)经济发展。已有文献关于科技人才集聚对经济发展影响的研究，具有两类不同的观点。

第一类观点认为科技人才集聚正向影响区域经济发展。人力资本禀赋差异是造成区域经济增长差异化的重要原因，科技人才集聚有利于持续推进技术创新，改进产品质量，实现技术突破，这对企业生产效率提升及价值创造影响显著，有助于提高企业乃至整个地区的经济发展质量。[③] 有学者的研究发现，科技人才集聚有利于促进全要素生产率增长，且应用研究、试验开发研究科技人才集聚对全要素生产率增长的促进作用效果明显，而基础研究科技人才集聚效应不明显。[④]

第二类观点认为科技人才集聚对区域经济发展的影响呈倒 U 形。有学者发现，在科技人才相对稀缺的情况下，科技人才集中度与区域的全要素生产率呈显著正相关；但当科技人才过于集中甚至超过了一个地区承载力时，过度集聚不仅会造成管理上的困难，增加各经营环节的成本，而且会导致人力资源配置效率下降，不利于地区全要素生产率增长。[⑤]

---

① 曹威麟，姚静静，余玲玲，等.我国人才集聚与三次产业集聚关系研究[J]. 科研管理，2015，36(12)：172－179.

② 李敏，郭群群，雷育胜.科技人才集聚与战略性新兴产业集聚的空间交互效应研究[J].科技进步与对策，2019，36(22)：67－73.

③ 郭金花，陈鑫. 科技人才集聚与经济高质量发展：技术红利还是结构红利？[J].创新科技，2021，21(11)：75－84.

④ 胡婧玮，郭金花.高质量发展背景下科技人才集聚的生产率效应差异研究[J].经济问题，2021(3)：26－31.

⑤ 李培园，成长春，严翔.科技人才流动与经济高质量发展互动关系研究——以长江经济带为例[J].科技进步与对策，2019，36(19)：131－136.

2.3 跨国公司研发中心人才配置的相关研究

2.3.1 跨国公司研发中心人力资源配置效应

1.人才集聚效应

前文在分析科技人才的集聚效应时认为人才集聚效应主要包括创新效应、知识溢出效应、竞争与协作效应、学习效应等。而这些具体特征在跨国公司研发中心人力资源配置方面也能够有所体现。

跨国公司研发中心对于整个行业前沿技术的研发和市场开发具有重要作用。一方面,研发中心的设立有助于吸引国际优秀人才的集聚,跨国公司在华的研究与开发机构凭借其优越的研究条件和其他富有竞争力的行为能够吸引留学生归国发展,抑制人才外流。[①] 另一方面,跨国公司为了快速融入当地市场,也会吸收本土优质的研发人才,实现国内人才的集聚。跨国公司进入我国市场后往往采取本地化市场战略,实现本地人力资本的积累与集聚。而且跨国公司研发中心由于其管理经验先进、研发能力以及工资水平较高,能够因此加大对人才的吸引力,进而实现国际优秀人才的集聚,激发并带动企业的创新积极性。因此,跨国公司研发机构的嵌入有助于实现国内外人才的集聚,丰富跨国公司企业以及整个区域的人力资源。

首先,跨国公司的进入会对东道国上下游行业中的企业产生知识溢出效应。对于上游企业而言,跨国公司为确保下游产品的质量会通过资金帮助、人才供应等方式改善上游东道国企业提供的中间品的质量,对上游企业的创新

① 徐晓巍.跨国公司在华研发战略:挑战与对策[J].世界经济研究,2003(12):20-25.

行为产生正向影响，提高上游企业的生产效率。[①] 对于下游企业而言，作为上游的跨国公司提供了先进、优良的中间品，下游企业便可能通过干中学效应改善其生产和研发效率。[②] 而通过这一知识溢出跨国公司会对人力资本产生巨大的需求，因此会促进人力资本的积累与集聚，进而提升整个区域的创新能力。随着贸易开放程度的提升，跨国公司研发中心数量会增多，其对研发部门知识储量和水平的要求也有所提升，因此会引导更多的人力资本投资，吸引更多的人才在区域内集聚。因此跨国公司研发中心的设立可通过人力资本蓄水池方式实现人才集聚，进而影响企业的创新行为。[③]

此外，根据熊彼特的理论，当面临激烈的行业市场竞争时，企业会通过创新行为规避竞争以赢取市场份额。跨国公司研发中心的设立（跨国公司企业的进入）也会抢占本土企业市场份额，因此，产生竞争效应，激发区域内本土企业创新意识和活力。竞争效应会倒逼企业进行更高质量的研发创新，降低企业策略性创新的动机。而创新离不开人才[④]，技术差距较小的内资企业会通过人力资本积累等方式应对竞争效应，提高企业研发能力，增强其市场势力。[⑤]

其次，跨国公司引入企业后往往需要企业员工了解跨国生产经营所需掌握的知识和技能。因此企业一方面会增加对现有员工的教育培训，发挥干中学效应，提高人力资本效率；另一方面会增加对高技能劳动的需求，吸纳更优

---

① 诸竹君，黄先海，王毅. 外资进入与中国式创新双低困境破解[J]. 经济研究，2020，55(5)：99－115.

② Burstein A T，Monge-Naranjo A. Foreign Know-how，Firm Control，and the Income of Developing Countries[J]. The Quarterly Journal of Economics，2009，124(1)：149－195.

③ 张杰，郑文平. 全球价值链下中国本土企业的创新效应[J]. 经济研究，2017，52(3)：151－165.

④ 黎文靖，郑曼妮. 实质性创新还是策略性创新？——宏观产业政策对微观企业创新的影响[J]. 经济研究，2016，51(4)：60－73.

⑤ 诸竹君，黄先海，王毅. 外资进入与中国式创新双低困境破解[J]. 经济研究，2020，55(5)：99－115.

秀的人才,实现人才集聚,改善企业的人力资本结构。同时,引入跨国公司后的企业可能成为跨国公司的经销商和供应商,因此跨国公司会引入相关人员对企业的人才进行培训,以此实现人才集聚效应的学习效应。

2.人才溢出效应

人才在区域间的流动有助于发挥其知识溢出效应,实现区域知识的注入、创新水平的提升等,进而促进区域经济发展。人才的集聚也会产生人才的知识溢出效应。处于高位势的科技型人才会不断地输出知识,低位势的人才会不断地吸收知识,从而形成知识溢出。① 而当城市发展到一定阶段时,其也会从集聚转变至扩散,具备创新能力的地区又通过人才溢出效应,辐射至关联城市,从而实现整个区域的产业转型与升级。②

而跨国公司研发中心也能发挥溢出效应优化人力资源配置。研究发现,跨国公司研发机构嵌入东道国之后会在本国市场形成模仿效应。③ 就人力资本积累而言,一方面,跨国公司高水平的研发能力会促使本土企业主动学习、模仿,积极吸收跨国公司先进的研发经验和技术,进而实现人力资本水平的提升。同时,受惠于跨国公司流入技术的本土人员技能议价能力得到提高,这能显著增强本土人力资本的投资,优化本土企业人力资本配置效率。另一方面,跨国公司在依托本土化战略吸引本土专业人才的同时,也会对其进行培训,而提升当地人力资源的水平。外商投资后往往需要企业员工掌握跨国生产经营所需的知识和技能,因此通过教育培训也能够实现人力资本的升级和积累,而且研发类跨国公司具有研发资金的保障,这也会使得各类教育培训活动得到更好的支持,进而提升本土人力资本水平。培训后的人才在东道国流动时,人

---

① 牛冲槐,接民,张敏,等. 人才聚集效应及其评判[J]. 中国软科学,2006(4):118-123.

② 韩凤芹,蔡佳颖. 引才政策、空间溢出与创新提升——基于城市空间异质性的实证[J]. 科学学研究,2022,40(12):2138-2149.

③ Berry H. Global Integration and Innovation: Multicountry Knowledge Generation within MNCs'[J]. Strategic Management Journal,2014,35(6):869-890.

才的知识溢出效应便发挥作用，本土企业的创新水平得以提升。[①] 此外，人才流动是推动技术外溢的主要途径之一。海归人员在跨国公司研发机构中的工作经历能够提升其研究能力，进而在人员外流的过程中帮助本土企业提升研发能力[②]，从而在本土企业中培育更多人才。

对于研发创新发展而言，跨国公司研发的嵌入提供了以研发人员为媒介的知识和技术溢出。跨国公司研发人力投入能够正向影响内资企业创新产出，跨国公司研发机构的劳动要素是发挥知识正向溢出效应的重要因素。[③] 跨国公司研发机构的技术创新能力在很大程度上取决于其所获得的人力资本数量和质量，会进一步通过人才溢出等渠道影响整个区域创新和商业化发展。而且随着中国本土组织研发能力的提升以及跨国公司研发定位以及模式的转变，越来越多的跨国公司也趋向于与本土研发机构合作，这为进一步培育人才提供了良好的机会。跨国公司研发机构凭借其全球产业链的核心地位会积极寻求于本土高校、科研机构等的合作，加强人才间的沟通与交流，促进本土化产品和技术的开放。[④] 与此同时，高校也会借助跨国公司研发机构的先进且成熟的研发体系不断学习、吸收，实现技术扩散、溢出，进而驱动其国际化研发战略发展。在与本土科研院所的合作中，跨国公司不仅提供了资金和技术的支持，也带来了人才培养体制的创新。

2.3.2　跨国公司研发中心人才配置的影响因素

高级人才通过流动实现了区域间的知识转移，充当了知识溢出的载体。

---

① 孙早，韩颖. 外商直接投资、地区差异与自主创新能力提升[J]. 经济与管理研究，2018，39(11)：92－106.

② 李平，许家云. 金融市场发展、海归与技术扩散：基于中国海归创办新企业视角的分析[J]. 南开管理评论，2011，14(2)：150－160.

③ 祝影，孙锐，翟峰. 外资研发如何影响自主创新？——基于外资研发溢出路径的模型与实证[J]. 科研管理，2016，37(12)：28－36.

④ 宗凡，王莉芳，刘启雷. 国家创新体系包容性视角下高校与外资研发机构合作模式演进研究[J]. 科技进步与对策，2017，34(4)：129－133.

人才流动带来的集聚效应会因此产生知识溢出效应。[①] 因此跨国公司研发中心人才集聚效应和溢出效应的影响因素大致可以从宏观环境和微观个体两个角度分类:第一类主要聚焦东道国外部市场、政策、制度以及社会环境的影响,第二类主要围绕知识接收方和溢出方的技术差距以及吸收能力因素展开。

1. 金融资源配置效率

跨国公司到东道国直接投资运作以及本土企业技术学习模仿和创新均需要稳定高效且发达的金融市场支撑。[②] 有学者通过对 2005—2017 年我国省级面板数据进行研究发现,高质量的金融服务为企业提供了良好的外部环境,有助于知识溢出效应的发挥。[③] 此外,金融资本也是影响人才集聚的重要因素。跨国公司研发中心注重创新的发展,而创新的发展离不开人才的支持与帮助。金融资源配置效率提升不仅能激发企业创新活力,扩大人才需求,还能吸引人才向金融发展水平更好的地区流动,形成人才集聚。[④]

2. 知识产权保护制度

知识产权保护制度疏通了知识溢出的渠道,为知识溢出提供了良好的外部制度环境,因此加强知识产权保护能提高知识溢出水平。有学者发现知识产权对知识溢出存在门槛效应,当知识产权保护制度不够完善时,研发技术容易被模仿,导致企业缺乏研发动力;但知识产权制度过度保护时,会阻碍知识的传播力度,给创新者造成较大的研发改造壁垒,只有适度的知识产权保护才有利于产生知识溢出效应。[⑤] 同时,知识产权保护也会影响人才集聚。东道

---

① 牛冲槐,接民,张敏,等. 人才聚集效应及其评判[J]. 中国软科学,2006(4):118-123.

② 黄晓红,刘伟巍. 区域金融发展在外资企业知识溢出中的作用[J]. 上海金融,2015(12):14-18.

③ 王雅洁,张淼. 中国省域知识溢出对区域创新的影响研究——基于吸收能力的视角[J]. 华东经济管理,2020,34(8):44-54.

④ 谢文栋. 科技金融政策能否提升科技人才集聚水平——基于多期 DID 的经验证据[J]. 科技进步与对策,2022,39(20):131-140.

⑤ 王雅洁,张淼. 中国省域知识溢出对区域创新的影响研究——基于吸收能力的视角[J]. 华东经济管理,2020,34(8):44-54.

国的知识产权保护能够通过吸引海外子公司的直接投资和销售，进而影响跨国公司企业的人力资源配置，形成人才集聚。

3. 政府政策

在我国，政府优惠政策为跨国公司研发机构人力资源的配置提供了更多便利性和吸引力。研发创新长周期性和高风险性等特征造成企业研发创新的动力不足，因此政府便会通过研发补贴、税收以及土地优惠等政策鼓励和支持企业创新。对于跨国公司研发结构也是一样的，地方政府为提升区域创新能力，竞相借助优惠待遇政策以吸引跨国公司研发机构的落户，使得跨国公司研发机构的竞争优势增强，从而自然而然地形成人才的集聚，进而通过示范、竞争以及跟随等效应影响本土人力资本结构。以上海为例，上海市为构建具有全球影响力的科创中心，颁布了一系列鼓励跨国公司研发机构设立的制度、政策，为跨国公司研发机构人力资源配置提供资源和便利。此外，开放政策也会影响跨国公司研发中心的人力资源配置，资本市场开放会促使企业人力资本的升级，进而提升企业的全要素生产率。[①] 开放政策也会影响跨国公司企业在东道国的直接投资，进而影响其人力资本结构，有助于形成人才集聚和发挥人才溢出效应。

4. 地理区位

地理区位对于跨国公司研发中心人才集聚和溢出具有重要影响。当前东部地区的人才聚集程度最高，同时城镇化水平也会在某种程度上影响人才集聚。[②] 知识通道在知识溢出过程中发挥重要的条件作用，知识通道的通达性越好，知识溢出水平和强度越高。高铁开通提升了城市与城市间的沟通便利

① 王莹．资本市场开放与企业人力资本结构升级——基于“沪港通”和“深港通”交易制度的准自然实验[J]．现代经济探讨，2022(5)：27－42．

② 张美丽，李柏洲．中国人才集聚时空格局及影响因素研究[J]．科技进步与对策，2018，35(22)：38－44．

率，提高了城市间的通达性，加速了城市发挥知识和技术的溢出效应。[①] 特别地，隐性知识由于难以用语言和文字表达，一般只会在地理距离小的产业集聚，以实现区域溢出。[②] 进一步地，人力资本对区域创新能力的提升表现为集聚效应，而这种集聚效应与地理距离相关。[③] 随着研发活动的全球化趋势的演变，跨国公司研发机构的研发活动不再仅仅是简单的技术转移，而更多的是将整个产业链的研发活动布局于东道国。一个地区的基础设施水平等会直接影响跨国公司的 R&D 投资，进而影响研发人员的投入。

5. 创新环境

科技创新是社会发展重要的驱动力，科技的进步与应用将有利于推动全球高端人才的集聚，重塑全球人才格局。优良的创新环境会驱动创新要素流动，在空间上实现创新要素的集聚和联结，优化资源配置效率，有利于进一步发挥溢出效应。创新要素会向着创新环境更好的区域流动，促进空间知识溢出，最终实现区域经济发展。[④] 有学者基于深厦甬青连五市，分析创新环境对跨国公司研发活动的影响，研究发现创新环境与跨国公司研发机构活动呈正向相关关系，其中深圳的创新环境处于相对领先的地位，人口素质和研发能力相对较强，跨国公司的研发活动也更为活跃，有利于跨国公司研发机构进一步调配本地的人力资源以提升创新水平。[⑤]

---

① 杨思莹，李政. 高铁开通对区域创新格局的影响及其作用机制[J]. 南方经济，2020(5)：49－64.

② 方伟，杨眉. 高新技术产业集群知识溢出对企业技术追赶的影响[J]. 科技进步与对策，2020，37(9)：87－95.

③ 马明，薛晓达，赵国浩. 交通基础设施、人力资本对区域创新能力影响的实证研究[J]. 北京理工大学学报：社会科学版，2018，20(1)：95－101.

④ Malerba F，Mancusi M L，Montobbio F. Innovation，International R&D Spillovers and the Sectoral Heterogeneity of Knowledge Flows[J]. Review of World Economics，2013，14(9)：697－722.

⑤ 马勇，杜德斌，周天瑜，等. 地方创新环境对外资研发活动的影响分析——深厦甬青连五市的比较[J]. 科学学与科学技术管理，2009，30(5)：61－67.

6. 技术差距

技术差距是指知识溢出方和知识接收方在同一技术基础上最高水平的差距。两个经济体之间的技术差距越大，技术水平较低的经济体获取溢出效应的潜力就越大[①]，只有一定程度的技术差距才有助于技术溢出。[②] 技术差距理论认为，当本土企业与跨国公司企业技术差距较大时，本土企业技术人员对国外引进的技术会产生依赖，进而影响其自主创新能力。有学者以中国工业行业的数据为测度对象，研究了技术差距对中国工业技术进步的影响，结果发现，当与发达国家技术差距过大时，我国由于知识水平差距而主要以吸收国外的技术实现技术进步；而当技术差距缩小时，我国更偏向于通过吸引人才和提高劳动者技能促进技术进步。[③]

7. 吸收能力

知识接收方是否具有吸收先进技术和经验的能力，是影响知识溢出效果的关键因素。不同经济体在吸收知识溢出的效果上存在明显异质性，技术吸收能力越强，知识溢出效果越好。随着消化吸收能力的提升，也能够更大程度地实现知识溢出内部化。有学者以我国工业企业作为研究对象，发现 FDI 和进口贸易两种渠道的知识溢出效应均随企业技术吸收能力的提升而增强。[④] 影响吸收能力的因素主要有研发投入和人力资本。企业通过加大研发投入可以提升理解和评估新技术趋势的能力。[⑤] 由于具备快速且高效的知识吸收能

---

① Findlay R. Relative Backwardness，Direct Foreign Investment，and the Transfer of Technology：A Simple Dynamic Model[J]. Quarterly Journal of Economics，1978，92(1)：1－16.

② 王向阳，卢艳秋，赵英鑫. 技术溢出与技术差距：线性关系还是二次非线性关系[J]. 科研管理，2011，32(8)：51－56，66.

③ 郑江淮，荆晶. 技术差距与中国工业技术进步方向的变迁[J]. 经济研究，2021，56(7)：24－40.

④ 孙洋，李春艳，陈艺毛，等. 国际知识溢出对中国内资企业创新产出的影响——FDI 渠道、进口贸易渠道与吸收能力的调节作用[J]. 西部论坛，2020，30(3)：106－115.

⑤ Cohen W M，Levinthal D A. Absorptive Capacity：A New Perspective on Learning and Innovation[J]. Administrative Science Quarterly，1990，35(1)：128－152.

力，人力资本水平越高、科研储备人才越多的地区能更快地完成新知识的吸收转化。①

2.4　本章小结

本章主要是对现有文献进行梳理，并为后续章节的撰写提供理论依据和框架。本章首先结合经济发展趋势，分析跨国公司研发机构组织形态转变现状与其动态调整的影响因素。然后从人才流动的角度，归纳影响区域科技人才聚集的因素，并总结科技人才聚集的效应。最后，介绍了跨国公司研发中心人力资源配置效应，并梳理跨国公司研发中心人才配置的影响因素。

① 刘晔，曾经元，王若宇，等. 科研人才集聚对中国区域创新产出的影响[J]. 经济地理，2019，39(7)：139－147.

3　全球城市创新人才政策对比

本书主要选取了上海、北京、深圳、苏州、杭州、东京、新加坡、纽约和伦敦九个城市，从创新人才引进、人才培养、人才创新、人才保障等方面对人才引育政策进行了对比，为上海市有效配置人才创新资源、提升整体人才素质、建设高水平人才高地提供借鉴与启示。

3.1　国内城市创新人才政策对比

3.1.1　上海

作为我国经济、金融、贸易中心，上海市对人才的引进和培养极为重视，在人才政策创新方面一直走在全国前列。人才政策对上海市集聚和吸引人才，建设人才高地起到至关重要的作用。据统计，截至 2023 年年底，在沪两院院士共有 187 人,其中中国科学院院士 108 人,中国工程院院士 79 人。[①]

首先,在人才引进方面,上海市为吸收国内外人才推出了一系列政策及举措,主要包括放宽海归与国内学生以及特殊人才落户要求、优化外国人才签证审批手续、成立海外人才服务联盟和激励用人机构人才选育。从放宽留学回国人员落户要求来看,上海市通过优化人才落户办理条件和程序为各类企业吸收人才提供福利和便利,留学人员若毕业于世界排名前 50 名的院校,则可取消社会保险费缴费基数和时间的要求,直接办理落户;若毕业于 51～100 名院校,缴满社会保险费 6 个月后即可申办落户。对于国内学生落户要求来看,所有应届博士、科研院所和高校硕士毕业生可直接办理落户,双一流建设高校毕业的本科生在五大新城南北地区工作的可以直接落户,上海市四所 985 高校以及清华北大本科毕业生可直接落户。从引进特殊人才来看,上海市对于本市航运、文化艺术、体育等特殊行业紧缺急需的人才实行落户优惠,基本上一年以内可以完成落户办理。从优化海外人才签证审批程序方面来看,上海市针对外籍高端人才制定永久居留以及发放人才签证等制度,并于 2021 年发布“不见面”审批(4.0 版),允许外籍青年博士申请最长可达 10 年有效期的人才签证[②],外籍高层次留学人员可以按照规定办理加注“人才”的工作类居留许可或 R 字人才签证。并加速外籍人才来华工作许可的审批流程,保证外籍人才出入境、停居留便利。从成立海外人才服务联盟方面来看,2021 年上海市成立“海外人才服务联盟”[③],依托上海人力资源服务园区在澳大利亚、新加坡、日本等国家设立海外人才交流服务站,积极宣传上海人才引进政策,吸引

---

① 上海 18 位科学家新当选两院院士[EB/OL].[2025－03－29]. https://www.shanghai.gov.cn/nw4411/20231123/1c8161f230644b9e814713c536a2e0b7.html.

② 上海市人民政府.“不见面”审批 4.0 版 大力吸引外国人才等有关事项(中英日韩四语版)[EB/OL].[2025－03－22]. https://www.shanghai.gov.cn/nw17239/20210302/9265b0756dd442fbaebdf38de046383b.html.

③ 上海市人力资源和社会保障局. 集聚 411 家人力资源服务企业,筹措人才安居住房 23000 套,“静”悦远来,安聚英才!［EB/OL].[2025－03－22]. https://rsj.sh.gov.cn/t04_17769/20221014/eabfc27cf6ab4aef840d821d8606f84b.html.

海外人才前来就业发展。在激励用人机构人才选育方面,上海市设立“伯乐”奖励计划资金,对推荐选聘的不同层次的人才给予人力资源服务机构不同大小的补贴金额,最高奖励高达 100 万元。[①]

其次,在人才培养方面,上海市通过构建专项培养计划等方式为不同层次的人才提供具有针对性的支持体系,在吸收外来人才的同时也提升了上海市本土的人力资本水平。针对高层次科技人才,上海市推出优秀学术/技术带头人计划和上海市领军人才培养计划;针对青年人才,主要包括青年科技英才扬帆计划、青年科技启明星计划等。[②] 上海市致力于通过这些计划聚焦于培养杰出的学术、技术以及领军带头人,激励和培养这些优秀人才成为上海创新发展的中坚力量,促进上海产业和科技的发展。

再次,在人才创新方面,上海市积极推动创新中心、研发中心等机构的建设,同时给予创新人才和团队项目大力的资金资助和金融支持,为上海市创新发展提供了强有力的保障和支持。上海市积极搭建科技创新平台和中心,为人才发展提供平台发展机会。就上海市生物医药产业发展而言,上海市计划到 2025 年培育至少 50 家融合生物医药研发、销售等多功能为一体的创新型总部,培育 20 家以上高水平生物医药加速器和孵化器[③],集聚富有国际影响力的生物医药创新或研发中心,通过研发创新带动上海市生物医药产业发展。同时,上海市也通过市区共建的形式为留学人员在沪创业提供留学创业园,目

---

① 上海市人力资源和社会保障局,上海市财政局. 上海市人力资源服务“伯乐”奖励计划实施办法(试行)[EB/OL].[2025—03—22]. https://www.shanghai.gov.cn/cmsres/4b/4b4e3e46907b48968175ac1c098b12b7/286213bbd8d317aeec2599a49cc281ee.pdf.

② 上海市人民政府. 关于修订《上海市优秀科技创新人才培育计划管理办法》的通知[EB/OL].[2025—03—22]. https://www.shanghai.gov.cn/yscxcy2/20230420/3811346df5b74ae39a384b23ddac46aa.html.

③ 上海市人民政府办公厅. 关于印发《上海市加快打造全球生物医药研发经济和产业化高地的若干政策措施》的通知[EB/OL].[2025—03—22]. https://www.shanghai.gov.cn/nw12344/20221118/57912cee07a540eda9d0fe1ab70e31d7.html.

前上海市已建立徐汇、嘉定、张江和临港等12家留学人员创业园。[①] 在资金资助方面，青浦、浦东新区等地区都为其创新实践基地的优秀人才和团队给予项目研究资助。在金融支持方面，上海市政府大力发展金融服务体系，鼓励科技创新中心与金融机构合作，拓展科技创新企业融资渠道和方式，弥补和缓解科技企业在进行创新活动时资金不足的问题；同时大力倡议各类金融机构、境内外风险投资基金等为留学人员设立风险投资基金，提供留学人员创新创业的金融支持。[②]

最后，在人才保障方面，上海市政府也通过政策或制度为人才的生活、家庭等方面予以一定的保障。借助人力资源服务机构，上海市为高素质劳动者提供人才服务平台，更好地推动高质量就业、更充分地发挥人力资源优势。同时，上海市鼓励改善留学人员和外籍人才的就医环境，加强同国内外保险公司合作，参与国际医疗保险的直付网络系统，建立第三方国际医疗保险结算平台。[③] 海外人才的子女在上海市参与中高考还能享受优厚的教育福利。[④] 在租住房方面，长宁区推出的专项支持政策为我国海归人员提供租房补贴，在补贴标准、时间以及金额方面的支持力度于全市领先。[⑤] 杨浦区推进建设人才安居工程，为人才提供人才公寓和人才租赁住房，吸引和留住人才扎根杨浦。

---

① 上海人力资源. 帮助“就业困难人员”实现就业，积极引进高端人才……上海做了这些事![EB/OL]. [2025－03－22]. http://mp.weixin.qq.com/s? __biz=Mzk0NjM5MzQ2OA==&mid=2247536441&idx=1&sn=18bc3f3ca7e9d22214fc2c24c5316df3&chksm=c2cdb22f5961708f3a48da205508922b3614444296f377f676cf5dec993a281a4644af2f678c#rd.

② 上海市人民政府.《关于促进金融服务创新支持上海科技创新中心建设的实施意见》的通知[EB/OL]. [2016－03－28]http://www.gov.cn/zhengce/2016-03/28/content_5058933.htm.

③ 上海市人民政府. 关于印发《鼓励留学人员来上海工作和创业的若干规定》的通知[EB/OL]. [2025－03－22]. https://www.shanghai.gov.cn/nw12344/20210205/3130a0e7906547a3b5e5602d3176be40.html.

④ 上海市人力资源和社会保障局. 关于具有本市户籍留学人员其持外国护照子女享受优惠政策的通知[EB/OL]. [2025－03－22]. http://service.shanghai.gov.cn/XingZhengWenDangKuJyh/XZGFDetails.aspx? docid=REPORT_NDOC_008252.

⑤ 上海市人社局. 上海长宁：推出人才安居政策[EB/OL]. [2025－03－22]. https://www.mohrss.gov.cn/SYrlzyhshbzb/dongtaixinwen/dfdt/202203/t20220309_437676.html.

3.1.2 深圳

作为我国改革开放的先行试验区，深圳始终将人才和创新置于城市发展的重要战略地位，相继出台了一系列吸引和集聚人才的政策，吸收了一大批国内外优秀的人才，为深圳的创新驱动发展提供了强有力的支持。截至 2025 年 1 月，深圳全市高层次人才超 2.6 万人，留学回国人员超 22 万人，各类人才总量近 700 万人，920 名深圳学者入选“全球前 2%顶尖科学家”榜单；技能人才总量达 406 万人，高技能人才占比增至 39.16%，队伍规模和高技能人才占比居全国前列。①

在人才吸引方面，深圳市积极出台各项政策以简化人才出入境流程。为了集聚和调动全球人力资源，深圳市自 2016 年以来相继出台并实施《深圳经济特区人才工作条例》、“十大人才工程”、“81 条人才新政”等政策措施，大力推动人才 R 字签证、出入境以及停居留便利等措施的建设与完善②，将外籍人才来华工作事项审批时限压缩 50%以上。但近几年来，深圳逐步由政策引才向市场引才转变，而且重点聚焦于各类高精尖人才。对于科技领域顶尖人才，深圳市建立关键技术项目悬赏制度；对于急需紧缺顶尖人才，致力于以“一事一议”的方式引才；引进领军人才方面，鼓励“以才引才”，发挥海外创新中心等平台的作用，推进全球引才机制。对于青年人才，通过设立引才伯乐奖，深圳市奖励成功引进高层次人才和团队的用人单位及中介机构，奖励金额最高可达 200 万元。③

---

① 21 经济网. 深圳计划实现“20＋8”重点产业高端紧缺岗位清单研究制定全覆盖[EB/OL]. [2025－03－29]. https://www.21jingji.com/article/20250113/herald/58346c46f9cc8901290b9bd20fab42d4.html.

② 深圳人社. 今天，祝全市人才节日快乐！[EB/OL]. [2025－03－22]. https://mp.weixin.qq.com/s/C_AS82bN6vtnEAl-J-HLdw.

③ 深圳市人民政府. 市人才伯乐奖开始接受申请[EB/OL]. [2025－03－22]. http://www.sz.gov.cn/cn/xxgk/zfxxgj/zwdt/content/post_9064473.html.

在人才培养方面，深圳市不断加强对人才培育的力度，提升人力资源配置效率，致力于建立更有竞争力的经济特区。深圳市一方面构建国际化人才交流平台，以创新创业大赛、人才交流研讨会等人才交流和沟通的媒介，打造更具专业化、国际化以及信息化的市场引才机制。另一方面借助“鹏城英才计划”和“凤凰英才计划”等，构建起培养和引进人才为一体的政策体系，其中鹏城英才计划明确提出要培育并完善职业经理人市场，建立市场化选聘和企业引育相结合的职业经理人制度以提升人力资源配置效率。

在人才创新方面，由于一个城市的创新环境是影响人才集聚的重要因素，深圳市为高端人才打造优良的创新环境也做了许多努力，主要体现在对创新研发中心、创新创业团队项目补贴方面。以深圳市为例，罗湖区为香港青年创新团队提供团队租金和项目补贴，港澳青年还可申请罗湖区创新创业基地。同时深圳市为鼓励跨国公司研发中心的创新发展，还给予符合条件的跨国公司研发中心免税进口设备优惠。①

在人才保障方面，深圳市聚焦人才服务建设，坚持供给侧结构性改革，完善“4＋2＋2＋2”住房供应与保障体系，即推动筹建40％的商品房，20％的人才住房，20％的安居型商品房，20％的公共租赁住房。全日制本科及以上学历的人才可享受租住和购买人才住房优惠；高精尖缺人才享受深圳市政府建立人才住房封闭流转制度。② 以深圳市光明城为例，其通过实施“住房无忧”“教育无忧”以及“生活无忧”行动，为高层次人才提供全方位、高水平的生活保障供给，加速全球人才的集聚和虹吸。而且深圳市也注重对海外归国人才的引进，打造“归·家”——深圳市归国留学人员服务计划，针对留学人员的特点和诉求，精准服务、分类施策。同时该计划还借助在深成功发展的留学生举办文

---

① 深圳市人民政府. 在深外资研发中心进口设备可免税[EB/OL]. [2025－03－22]. http://www.sz.gov.cn/cn/xxgk/zfxxgj/zwdt/content/post_9867455.html.

② 深圳市人民政府. 我市高层次人才、新引进人才租房和生活补贴业务将有调整[EB/OL]. [2025－03－22]. http://www.sz.gov.cn/cn/xxgk/zfxxgj/zwdt/content/post_8813986.html.

化交流会等,以成功经历带动留学生回深发展。不同区域也根据该计划发布相应海归人才政策,以此吸收和助力海归人才扎根深圳,如福田区的归国留学人员政策措施汇编等。对于在粤港澳大湾区工作的外籍高端紧缺人才,深圳市在中央的支持下予以个人所得税优惠,个税超 15%的部分提供补贴优惠。与此同时,深圳市还设立外国人就业居留事务服务中心、外国人综合服务管理平台,放宽境外人员职业资格考试的限制。

3.1.3 北京

北京是我国的首都,在经济、政治、医疗、教育等方面拥有丰富的资源,因此北京也是国内外人才的首选之一。2023 年,北京地区人才资源总量增至 802.9 万人,每万劳动力中研发人员达到 356.2 人年/万人,高技能人才占技能劳动者比例为 34.0%,主要劳动年龄人口受过高等教育的比例为 58.7%,人力资本投资占地区生产总值比例为 22.6%,人才贡献率为 58.1%。① 此外,通过实施一系列人才计划,北京市有效地激发了人才的创新活力,人才效能也得到提升,截至 2024 年 9 月,全市专利授权量 154 640 件,同比增长 5.00%,其中发明授权量 94 899 件,同比增长 17.29%;全市有效发明专利量 646 097 件,同比增长 17.46%,每万人发明专利拥有量达到 295.6 件,同比增长 17.39%。②

北京市政府为吸引国内外人才来京发展也出台了一系列人才政策,主要包括分层分类人才吸引和简化人才引进流程。2020 年北京自贸试验区出台探索分层分类人才吸引政策,也即对从事如科技、服务以及投资等不同领域、

① 北京市人力资源研究中心,北京人才发展战略研究院. 北京地区人才资源统计报告(2023)[EB/OL].[2025-03-29]. https://www.bj-talents.cn/upload/file/20250210/9dd869bb655e43229dda2de4913b842d.pdf.

② 北京市知识产权局. 2024 年 9 月北京市专利数据[EB/OL].[2025-03-29]. https://zscqj.beijing.gov.cn/zscqj/zwgk/tjxx/zl/tjyb13/543479775/.

不同类型的人才实施分层分类吸引政策。与此同时，为积极鼓励人才来京，北京市也开始简化特殊人才引进流程，一方面利用数字化形式，完善引进毕业生管理系统功能，将审定时限由规定的10个工作日缩减至7个工作日；另一方面，对来京研发、培训、执业等高端人才在签证方面给予便利，对于外籍人才优化其来华工作许可以及居留审批流程，通过政策上的创新，吸引人才的集聚，例如外籍人才可按规定申请工作许可通知和“Z”字签证，入境后可凭工作许可通知依法办理工作居留许可。同时，北京市也在试点实施外籍人才配合管理制度，逐步开启推荐引才的模式。

在人才培养方面，北京市非常注重对后备人才的培养。以北京市中关村为例，中关村一方面实行了培育科技人才的雏鹰计划、海聚工程以及高聚工程等给予人才创新创业的启动资金；另一方面针对留学生和博士生等高水平人才，中关村为其提供租房补贴，并在生活、学术交流以及著作出版等方面提供资金支持。

在人才创新方面，北京市积极构建科技中心，引进孵化器落地，并促进产学研一体化发展。首先，北京市政府为加快构建北京国际科技中心的建立，吸引和鼓励跨国公司研发中心赴京发展，对研发中心的人才服务、知识产权保护、营商环境等多方面提供支持，希望通过国际创新互动推动北京市科技创新发展。除此之外，北京市还积极推动国际知名孵化器落地，为高科技企业提供发展平台。① 最后，为汇聚各类创新力量，北京市鼓励形成以企业为主的产学研协同发展的主体，并加大对此类创新团队的支持力度，北京科创基金设有子基金67个，规模超过800亿元，为创新创业主体提供了有力的金融支持。

在人才保障方面，北京市对两区即自贸区和服贸区的境外人员实施补贴

---

① 北京国际科技创新中心. 首都高质量发展和国际科创中心建设取得哪些成效，这场发布会告诉你！[EB/OL].[2025－03－22]. https://mp.weixin.qq.com/s/JwkAnbpVilRbqL0fKFcvXQ.

政策,简化境外高端人才薪酬收入办理的外汇结算流程和方式,允许外籍人员凭借其拥有的永久居留身份证开办和参股内资公司,以此为海外高层次人才发展提供便利。同时,为进一步吸引外籍人才留京,北京市不断优化人才服务保障水平,在通州区建设国际仁爱社区、国际人才全流程服务体系等,为高精尖国际人才提供优质的服务和生活环境。①

3.1.4 苏州

苏州市作为江苏省经济发展的领头羊,始终将人才作为城市发展的第一资源,在其"人才强市"的战略背景下,积极推动人才政策的创新,致力于培育和集聚高水平人才,打造归国人才回国首选之地。截至 2023 年,苏州人才总量超 370 万,高层次人才总量超 38 万,国家级重大人才工程创业类累计入选 168 人。苏州吸引了超过 5.9 万人次归国人才扎根,连续 11 年入选"外国专家眼中最具吸引力中国城市",连续 3 年获评"中国最佳引才城市"。②

在人才引进方面,苏州市为鼓励和吸引国内外人才集聚推出了一系列活动和制度措施,主要包括举办招才引智活动、实施顶尖人才引进行动、建立海外人才绿色通道以及全球引才网络平台等。在招才引智相关活动方面,苏州市通过举办"百校进苏""千才留苏""万企聚苏"行动以及国际精英创业周、科学家日等活动,同时致力于同企业和高校形成合作,为人才来苏发展打通桥梁。据苏州市 2023 年政府工作报告,苏州市新增姑苏领军人才 650 人以上、卓越工程师 2 000 名、高技能人才 6 万名、引留高校毕业生 15 万人以上。在顶尖人才引进行动方面,苏州市实施"顶尖人才(团队)引领攻坚行动",对于顶尖人才以"一事一议"的方式给予量身定制的服务支持;实

① 北京市人才工作局. 关于"两区"建设推进工作措施[EB/OL].[2025-03-22]. https://www.beijing.gov.cn/zhengce/zhengcefagui/202102/t20210223_2286712.html.

② 苏州市人力资源和社会保障局. 苏州:集群创新跨越"达尔文死海"[EB/OL].[2025-03-29]. https://hrss.suzhou.gov.cn/jsszhrss/bjdt/202308/cd0de240249c42479cd3868bf34b5988.shtml.

施“双创领军人才提速倍增行动”“先导产业人才精准导航行动”等，针对不同领域不同产业高端人才提供高标准的资助和奖励。在建立海外人才绿色通道方面，苏州市建立了外籍高层次人才居留、工作许可办理等手续的绿色通道，将外籍人才的永久居留申请时限缩短至10个工作日。对于全球网络引才平台方面，苏州市鼓励国际高端猎头机构以及相关技术人才服务机构在苏州设立总部或运营机构，优化并升级了全球高端网络引才平台，为苏州市吸引全球人才提供通道和途径。

在人才培养方面，苏州市通过院校建设培养、人才培养计划、海外学习交流等举措，着力建立健全人才发展和培育模式。在院校培养建设方面，苏州市积极推动苏州科技商学院的建设，培养科技创新型复合人才；在人才培养计划方面，苏州市不仅针对高层次人才给予补贴，还为用人单位提供资金支持。对于高端人才，苏州市专门为其设立奖励计划，为在苏州先导或前沿产业、科技领域做出过突出贡献的高端人才及自贸区的急需人才提供最高40万元的奖励。同时，对于企事业单位，只要入选苏州市人才计划便有机会获得最高100万元的引才奖励。同时苏州市还借助“海鸥计划”“驻留计划”帮助企业吸引和利用人才资源。此外，苏州市还鼓励领军人才和企业家前往海外创新产业园等资源集聚区学习交流，提供研修费用最高20%的补贴。

在人才创新方面，苏州市积极推动苏州产业园区以及整个苏州市的创新创业发展。为加快融入全球创新网络，苏州市实施“深时数字地球”国际大科学计划，推动“一区两中心”、先进技术成果长三角转化中心、姑苏实验室等重大创新载体的建设发展。与此同时，苏州市还对于来苏或“出海”建设独立的研发机构给予最高1 000万元的资金支持，以充足和有力的资金支持带动和吸引国内外创新型人才赴苏发展，进一步实现苏州科技创新水平的提升。创新网络的建设离不开金融机构或资本长周期的配合和支持。为此，苏州市积极健全全产业链、全生命周期的综合金融服务体系，借助“育林计划”和“参天计划”，不断扩大各类风投、天使等基金的规模，提高企业资本获取的渠道，进一步促进创新产业链的全方位发展。

在人才保障方面，苏州市为人才提供了量身定制化的服务和保障。在生活住房方面，建设了一批高品质人才社区，新增青年人才公寓 2 万套以上。在人才服务方面，苏州市凭借其高层次人才一站式服务中心，以前台“一站式”受理、后台多部门系统办理的方式，为人才提供便捷高效的服务，完善苏州市人才服务体系。此外，苏州市还通过一些活动和平台如国际精英创业周、校园苏州日等，以人才宣讲等方式，加速海内外高层次人才的集聚。[①] 为加速海外人才、产业、办公等服务的融合和互动，苏州市还致力于打造适合海外人才居住的生活场景，积极建立若干个国际创新社区，并配套加快建设国际学校，落实海外人才子女教育服务工作，进而保障国际人才多元化的创新服务需求。在医疗保障方面，苏州市也探索构建国际医疗保险直付系统，以便为高端人才提供更优质的医疗服务资源。

3.1.5 杭州

作为新一线城市的重要代表以及长三角地区中心省会城市，杭州拥有发达的数字经济产业和信息技术产业，在带动周边产业发展、吸引和集聚人才方面发挥着重要的作用。在人才建设方面，杭州市致力于以“打造全球人才蓄水池、建设三大创新高地、创建综合性国家科学中心”为目标[②]，围绕“一廊四城两翼”发展格局，不断完善人才支持体系，着力培养大批高层次科技人才，实现杭州市科技创新高质量发展。截至 2022 年年底，新增在杭两院院士 5 名、院士工作站 10 家；新增认定高层次人才 2.3 万人，引进 35 岁以下大学生 483 万

---

① 苏州市人民政府. 2023 年政府工作报告[EB/OL]. [2025－03－22]. https://www.suzhou.gov.cn/szsrmzf/zfgzbg/202301/7fbb021f27dd4d269bc87d0e278bb6a6.shtml.

② 杭州市人民政府. 2022 杭州国际人才交流与项目合作大会成功举办[EB/OL]. [2025－03－22]. https://www.hangzhou.gov.cn/art/2022/11/16/art_812262_59068637.html.

人;新增领军型创新创业团队 15 个、引进海外人才 4 000 名。

在人才引进方面,杭州市为构建人才高地,实施更加精准高效、开放包容的人才政策,包括“人才新政 27 条”“若干意见 22 条”以及“人才生态 37 条”等,在完善人才分类目录、扩大事业单位自主权、构建市场化人才评价机制以及国内外人员落户等方面做出了一系列人才引进的创新工作和举措。[①] 同时,为顺应国际化趋势,杭州市也以“隔空引才”的方式,开发海外人才驿站、孵化器平台等,开展海外招才引智工作。在落户政策方面,对于国内学生,全日制本科和硕士研究生学历的人才毕业两年内可享受“先落户后就业”政策,对于博士研究生人才可直接落户;对于海外人才,杭州市在外籍人才入境和居留等方面提供便利,对需要多次出入境的人才,提供在 2～5 年可多次出入境的“F”签证;对需要经常在杭州居住的人才,提供 2～5 年有效的外国人居留许可。[②]同时,杭州市按照“最多跑一次”改革,借助其数字化优势,实施外国人来华工作“一件事”办理改革,实现外国人才办理“在华工作许可”最多跑零次。

在人才培养方面,杭州市深入实施人才工程,不断加强对人才的培养,优化和升级人力资本结构和水平。杭州市通过实施“全球英才杭聚”“青蓝计划”“西湖明珠工程”等培育计划,给予国内外高层次人才补助经费。杭州市积极举办创新创业大赛,鼓励大学生或毕业生在杭州创新创业,符合条件的人员可获得一定补助和 3 年内最高 10 万元房租补贴或 50 平方米的免费经营场地。针对海外人才,杭州市举办“创客天下・杭州市海外高层次人才创新创业大赛”,落地项目获奖后可以获得 20 万～500 万元的补助;同时,海外人才在杭

---

① 杭州市人社局. 2020 年工作总结 2021 年工作计划[EB/OL].[2025－03－22]. http://hrss.hangzhou.gov.cn/art/2021/7/12/art_1229578389_4084822.html.

② 杭州市人民政府办公厅. 关于贯彻落实《浙江省人民政府办公厅关于印发浙江省海外高层次人才居住证管理暂行办法的通知》的实施意见[EB/OL].[2025－03－22]. https://www.hangzhou.gov.cn/art/2023/2/9/art_1229063382_1829454.html.

州进行知识成果转化，可申报创业资助专项经费，重点项目资助额最高可达100万元，优秀项目最高可达50万元。

在人才创新方面，杭州市根据习近平总书记打造杭州成为“硅谷天堂、高科技天堂”的指示，积极推动人才创新建设。为打造全球创新策源地，杭州市积极构建多学科多领域产学研协同发展和攻关的体系，加快促进国家实验室以及实验基地的建设。2022年杭州市累计建设市级以上孵化器（众创空间）442家，包括国家孵化器48家、国家众创空间68家。同时，杭州市制定了《关于落实党政领导科技进步目标责任制争获“科技创新鼎”的实施方案》，这一政策旨在为众创空间、新型研发机构等平台出台以及与之配套的天使投资引导基金提供专项创新政策，进一步强化创新空间和平台对人才的孵化和激发效应。

在人才保障方面，杭州市不断优化人才服务机制，人才服务水平日益高效精准。杭州借助人才码打造的“人才e卡通”，联合公共出行、就医就学、旅游住宿等服务功能，为人才提供全方位的服务。在住房保障上，杭州市积极推动人才专项住房保障建设工作。据杭州市房管局2021年3月统计，杭州市已落实人才专项租赁住房项目58个，预计可建设房源5.1万余套；[①]在就医看病上，以余杭区为例，其实施D类以上人才“一对一”服务、E类以上人才免费体检等举措。在生活补助方面，杭州市的各个区县还为毕业生提供一定的生活补助和支持，例如临平区给予毕业五年内的本科生1万元、硕士生3万元、博士生5万元的资金补助。

表3－1为上海、北京、深圳、苏州以及杭州的人才政策对比。

---

① 杭州市住房保障和房产管理局.“筑巢引凤”，杭州已落实58个人才专项租赁住房项目[EB/OL].[2025－03－22]. http://fgj.hangzhou.gov.cn/art/2021/3/19/art_1229265015_58873054.html.

表 3—1　　上海、北京、深圳、苏州以及杭州人才政策对比

城市 政策	上海	北京	深圳	苏州	杭州
人才引进	放宽海归、国内学生以及特殊人才的落户要求;加速外籍人才来沪工作许可审批流程和R字签证的办理;建立海外人才服务联盟、全球人才联络平台;“伯乐”奖励计划资金	分层分类吸引政策;简化特殊人才引进流程;便利化外籍高端人才签证;加速Z字签证和工作许可审批;推荐制人才引进模式	提供人才R字签证、往来港澳人才签注、出入境以及停居留便利;建立海外创新中心;建立关键技术项目悬赏制、“一事一议”制度以及引才伯乐奖等战略制度	招才引智活动;顶尖人才、领军人才、先导产业引进行动;建立海外人才绿色通道;优化全球高端网络引才平台	完善人才分类目录;扩大事业单位招聘自主权、构建市场化人才评价机制;开发海外人才驿站;优化落户政策;提供人才F签证以及居留许可证
人才培养	高层次科技人才:上海市优秀学术/技术带头人计划、上海市领军人才培养计划;青年人才:“青年科技英才扬帆计划、科技启明星计划等	中关村:雏鹰计划、海聚工程、高聚工程;通州:灯塔计划以及运河计划;昌平:昌聚工程	大鹏:鹏城孔雀计划、鹏城英才计划;宝安:凤凰英才计划、宝安卓越工程师计划;坪山:聚龙计划	建设院校培养;高端人才奖励计划;海鸥计划、驻留计划;海外研修补贴	全球英才杭聚、青蓝计划、西湖明珠工程海内外人才创新创业大赛
人才创新	搭建科技创新平台、留学创业园;鼓励研发中心等国际化机构入驻;提供科技企业融资便利	鼓励研发中心和国际孵化器落地,形成以企业为主产学研协同发展的主体;设立科创基金	提供跨国公司研发中心进口设备税收优惠;建立创新创业基地	建设重大创新主体;提供赴苏或出海建设独立的研发机构资金支持;借助育林计划和参天计划提供金融支持	建设国家实验室和实验基地;设立杭州科创、创新以及并购基金

续表

政策＼城市	上海	北京	深圳	苏州	杭州
人才保障	提供住租房补贴和优惠；子女教育优惠；设立海外人才服务局；加强国内外保险机构合作、构建国际医疗保险服务平台	实施生活补贴；简化境外人员薪酬外汇结算流程；允许外籍人员使用永久居留身份证开办和参股内资公司；国际人才社区	实施“4＋2＋2”住房供应与保障体系、“归·家”——深圳市归国留学人员服务计划；建立外国人就业居留事务服务中心、外国人综合服务管理平台	建设高品质人才社区、高层次人才一站式服务中心；开展国际经营创业周等活动；打造国际创新社区、学校、医疗保险直付系统	实现海外人才居留工作办理“最多跑零次”；建立人才e卡通；推动人才专项租赁住房项目建设；提供毕业生生活补助

3.2　国外城市政策对比

3.2.1　东京

日本毗邻我国，与我国在经济发展方面存在一定的相似性，而且日本向来注重国际国内优秀人才储备，因此日本的人才引进和培养战略值得学习和借鉴。日本的国家战略已从早期的“技术立国”发展为“科学技术创新立国”，为吸引国际优秀留学生，日本先后出台“30万留学生计划”“30所国际大学项目”，以此促进培养国际人才和进行国际化交流。① 此外，日本注重国际合作，通过建立国际项目合作平台等，推进人才建设网络，实现对国内外人才的培养。2021年日本参与欧盟的“地平线欧洲”(Horizon Europe)②科技框架，在

① 大国人才. 日本吸引人才的路径[EB/OL]. [2025－03－22]. https://mp.weixin.qq.com/s/lBX0r2EbQR2zc21nLCO0zg.

② 全球技术地图. 日本寻求参与欧盟“地平线欧洲”科技框架，能源研究或为合作重点[EB/OL]. [2025－03－22]. http://www.globaltechmap.com/document/view?id=29525.

相关科技研究领域与欧盟的研究人员形成合作，进一步提升本国研究人员的科技创新水平和能力。与此同时，为鼓励国际人才留在日本，2012 年日本推出了积分制的移民制度，在居留许可条件、配偶父母和子女居住等方面放宽限制，还提供国际科技人才养老金服务，打造国际科技人才生活住房等。2018 年日本政府成立了专门研究小组，研究如何为海外人员提供更便利的居留许可和资格认定。

作为日本的首都，东京也积极响应国家对人才引进和培养的相关政策和制度。2022 年东京市效仿英国政府提议创建高潜力人才（HPI）签证，此举为海外刚毕业的优秀留学生提供在东京发展的机会，但符合这一签证需满足苛刻的条件，如拥有至少 120 万日元作为生活资金、毕业院校排名世界前 10 等。对于移民制度，东京简化移民审查提交文件，同时将审查时间最短缩至 10 天。针对海外青年人才，东京提供期限最高长达两年的资助项目，为海外人才提供个人津贴和研究经费，吸引海外人才定居日本。[①] 在人才创新方面，东京对跨国公司予以支持，跨国公司在东京设立研发中心，即有资格享受国家和东京的税收优惠。[②] 为鼓励和激发创新活力，东京将专利批准时间缩至 1.9 个月，并实行中小企业相关费用减半的政策，这有利于外来跨国公司在东京实行创新开发活动，也有助于具有创新活力的人才来东京发展。早期，初创企业要想在东京创新需要具备至少雇用两名全职员工或投资至少 500 万日元，使得海外企业家存在一定创业困难。而后东京出台增加外国企业家计划（Program to Increase Foreign Entrepreneurs），不再有以上条件的限制并根据企业家的商业计划书给予海外企业家六个月的特殊“商业经理”身份，为吸引海外优秀企

① 爱科创. 日本海外青年科研人才资助体系探索[EB/OL]. [2025－03－22]. https://mp.weixin.qq.com/s/AAlPNFDW3mmq5YebJ65urA.

② Invest Tokyo. Program to increase foreign entrepreneurs[EB/OL]. [2025－03－22]. https://www.startup-support.metro.tokyo.lg.jp/for_foreign/bdc_tokyo/en/fhr/.

业家到东京创新创业提供了条件和可能。[①] 在人才保障方面，东京还成立一站式创业中心，统一了跨国公司和初创企业在成立时所需完成的手续，通过熟悉行政程序的人员和专家提供个性化专业服务，帮助迅速完成各种备案程序。[②]

3.2.2　新加坡

新加坡能从籍籍无名的第三世界国家发展成为全球具有影响力和竞争力的国家之一，其中重要的原因便是其实施的"人才立国"战略。新加坡通过提升人力资源的水平和结构带动经济社会的发展，有效地弥补了先天资源的不足。[③] 2023 年发布的全球人才竞争指数（Global Talent Competitiveness Index，GTCI）排名显示，新加坡的人才竞争力在全球位列第二。[④]

随着发展程度的提高，新加坡逐步由传统制造业向以创新为驱动的多元产业发展，而这一结构转型需要以人才政策为支撑，驱动新加坡在人才引进政策上有所创新和突破。根据新加坡公布的《2022 年人口简报》统计，新加坡外来人口占总人口的 27.66%，较疫情之前的 2019 年有所下降。[⑤] 为此，新加坡通过培养本土人才和吸收海外人才来实施其人才战略。

首先，在人才引进方面，新加坡制定了全球招聘计划，借助具有竞争性和规划性的人才政策吸引国际人才。新加坡通过"联系新加坡"（Contact Singapore）平台这一在中国、美国、印度等八个地区设立办事处的猎头公司挖掘潜

---

① Invest Tokyo. Program to increase foreign entrepreneurs[EB/OL]. [2025－03－22]. https://www.startup-support.metro.tokyo.lg.jp/for_foreign/bdc_tokyo/en/fhr/.

② Invest Tokyo. Tokyo One-Stop Business Establishment Center | Our supports[EB/OL]. [2025－03－22]. https://www.startup-support.metro.tokyo.lg.jp/onestop/en/.

③ 潘庆中. 国际人才引进、激励、融入战略探析[J]. 人民论坛·学术前沿，2021(24)：33－41.

④ INSEAD. Global Talent Competitiveness Index[EB/OL]. [2025－03－29]. https://www.insead.edu/global-talent-competitiveness-index.

⑤ Sing Stat Website. Population Trends[EB/OL]. [2025－03－22]. https://www.singstat.gov.sg/publications/population/population-trends.

在的国际人才，以此吸收海外优秀的人才。同时，新加坡还设置多元化外籍人才工作许可政策，外籍人才根据自身条件和情况有 16 种工作签证可供选择。

其次，对于人才创新，新加坡实施“跨国公司和地区总部”计划，借助对跨国公司实施税收优惠以及公司内优秀人才实施优惠税政等举措，鼓励跨国公司研发机构来新设立，一方面改善了新加坡人力资本水平和结构，另一方面在与国际研发机构沟通学习过程中实现国家研发创新生态系统的升级与优化，也更容易吸收潜在的国际人才赴新发展。

与此同时，在人才保障和培养方面，新加坡为国际人才提供税收优惠、工作签证、子女教育以及医疗保险等一系列生活保障配套政策，如子女可在本地就读、国际工作者享有长达五年的税收优惠等。对于外来留学生，新加坡鼓励国外优秀留学生、科研人员以及博士后赴新加坡学习深造，为其提供完整的资助计划。[①] 此外，新加坡也大力鼓励海归和海外居民回国发展，还为海外居民企业家拓展在新加坡的投资渠道，简化海外居民产业和技术回流的流程和手续，以此提高新加坡的技术创新能力和水平。

最后，对于本土人才，新加坡从基础教育到高等教育，始终把提升学生的创新能力放在一个重要的地位，鼓励产学研机构合作，提升学生的创新实践能力，加快实现创新成果的转化。同时，新加坡通过开办双语学校，实行双语教育政策。据统计，新加坡超过 70％的受教育居民具备两种以上的语言阅读能力，另外，新加坡英语能力位居亚洲第一，拥有一批具有国际化能力的人才。[②] 在学校之外，新加坡通过创新创业孵化器、创业组织等平台建立科研机构、学校以及企业之间沟通交流的桥梁，进一步激发创新思维和活力。新加坡政府牵头设立了 ACE（Action Community for Entrepreneurship）社群，该平台为

---

① Agency forScience，Technologyand Research. About A STAR Scholarships［EB/OL］.［2025－03－22］. https://www. a－star. edu. sg/Scholarships/Overview.

② 新加坡国立大学 EMBA. 从“新”出发｜新加坡，培养世界一流的人才［EB/OL］.［2025－03－22］. https://mp. weixin. qq. com/s/lI0vBUyrNPYPWlYzmxyFlA.

创新人才转化知识成果、初创企业解决瓶颈和潜在问题提供专业且有经验的人员直接指导以及技术资金支持等[①],由此促进优秀人才和科技企业的创新发展。

3.2.3 纽约

自20世纪开始至今,美国的科技创新水平一直处于全球前列,这一优势离不开美国在研发领域的大量投入以及与之结合的人才体系建设。美国联邦政府一直致力于吸引和集聚全球顶尖人才以确保美国创新领先定位。而且长期以来,美国一直是全球留学生的首选之地,相比之下,美国本土学生很少接受国外的教育。因此美国便将更多的资金投入教育和科技领域,以强大的科技实力和教育体系吸引海外高层及人才。美国通过留学生资助政策等招收全球优秀的学生。美国教育咨询中心(Education USA Advisting Centers)在全球数百个国家设立,成为美国吸引国际留学生以及高级研究人员的重要媒介和通道。[②] 2022年美国白宫还发布了一系列签证新规,以集聚STEM(Science、Technology、Engineering、Mathematics)专业的人才到美国从事研发和创新等工作。

而随着四大科技巨头苹果、脸书、谷歌以及亚马逊布局纽约,纽约现有的人才也已经无法满足其科技岗位的需求了,为此纽约为吸引高层次人才也采取和制定了相应的政策体系。首先,在人才引进方面,纽约设立IN2NYC(International Innovator Initiative)项目,旨在帮助国际人才获取无上限签证,以使他们能够将业务和专业能力扩展到纽约。而且通过该项目筛选出优秀的国际人才与纽约城市大学形成合作,吸引海外人才前来的同时借助学校的优良

---

① ACE Corporate Office. Action Community for Entrepreneurship[EB/OL]. [2025－03－22]. https://ace. sg/.

② Education USA. The EducationUSA Network[EB/OL]. [2025－03－22]. https://educationusa. state. gov/us-higher-education-professionals/educationusa-network.

资源对人才进行进一步培育，以带动纽约城市的发展。纽约市几乎一半的企业由移民拥有，而且超过300万的纽约人都是外来人口。为了服务和吸收移民企业家，纽约建立移民商业计划（Immigrant Business Initiative），提供包括西班牙、中国、俄罗斯等多国语言的商业服务以快速、精确地帮助优秀移民企业家创办、运营和扩展其事业。

与此同时，纽约市政府还提出人才引进草案，资助企业高管引进计算机和建筑等相关专业的毕业生，并定期组织学生参观、访问纽约高新技术企业。纽约还通过建立孵化器、实验室空间以及共享办公室为初创企业和小型企业提供低成本空间、商业服务以及交流和学习的机会，以此集聚和培养更多具有发展潜能的企业和优秀人才。据纽约市政府称，已有超过1 000家初创企业和1 500名员工在支持的孵化器中受益。①

3.2.4　伦敦

英国为吸引全球人才，提高全球竞争力，推出了全球人才签证（Global Talent Visa）和潜在人才签证[High Potential Individual（HPI）Visa]制度，若申请者是在学术或研究、艺术与文化以及数字技术领域的领导者或潜在领导者，便可以申请全球人才签证。而潜在人才签证针对本科及以上英国公布的50所顶尖大学的学生，符合条件便可申请2～3年的工作签证。与此同时，英国还颁布企业扩增签证（Scale-up Visa）和创新签证（Innovator Visa），加速英国企业高精尖人才的招纳和集聚。②

伦敦作为英国的首都，在政治、经济、文化以及教育等多个领域影响整个世界。而且伦敦凭借众多世界一流大学和高水平劳动力，成为全球人才最集

① NYC Government. Programs for Any Industry-International Business[EB/OL].[2025－03－22]. https://www.nyc.gov/site/internationalbusiness/programs/programs-for-any-industry.page.

② GOV.UK. Welcome to GOV.UK[EB/OL].[2025－03－22]. https://www.gov.uk.

中的城市。[①] 在人才引进策略上,伦敦除利用国家的移民和签证政策吸引全球优秀人才外,还通过建立国际学习计划、调拨人才专款等打造人力资源管理体系,吸引并留住人才。伦敦市与蒙巴顿计划(Mountbatten Program)形成合作,以为伦敦的企业挖掘和吸收潜在的人才。蒙巴顿计划相当于全球人才吸引平台,一方面为全球优秀的专业人才提供伦敦市的工作学习和沟通机会,另一方面伦敦企业通过该平台吸收来自全世界顶尖的人才。在人才培养方面,伦敦市设置学徒制(Apprenticeships),通过专门的培训机构为企业招聘、培训和管理人才,培训的费用由政府承担。伦敦市政府还通过调拨专项资金,对在基础研究、科技研究等领域做出突出贡献的人才进行资金奖励。在人才保障方面,伦敦打造了"一站式"服务,为高层次人才提供绿色通道。在人才创新方面,伦敦注重对人才创新能力和水平的培养,建立开放式创新协会促进人才创新。开放式创新协会(Open Innovation Fellowship)是伦敦建立的首个面向高级管理人员开放式创新的跨部门网络和计划,致力于聚集全球企业,通过访问伦敦的相关企业以及社区群体交流研讨等多元化的方式,激发同行群体的创新思维和创新战略,促进企业创新发展。

表 3—1　　东京、新加坡、纽约以及伦敦人才政策的对比

政策 城市	东京	新加坡	纽约	伦敦
人才引进	HPI 签证;简化移民审查文件流程和时间	全球招聘计划;"联系新加坡"平台;提供 16 种工作签证	IN2NYC 项目;移民商业计划;美国教育咨询中心	全球人才签证;潜在人才签证;企业扩增签证;创新签证;蒙巴顿计划

① 搜狐新闻. 伦敦吸引人才能力世界第一!为什么全世界的青年才俊都看好伦敦?[EB/OL]. [2025—03—22]. https://www.sohu.com/a/www.sohu.com/a/320679241_671030.

续表

政策 城市	东京	新加坡	纽约	伦敦
人才培养	对海外青年人才提供长达两年的资助项目;提供人才津贴和研究经费	提供资助计划;拓宽海外居民企业家归国投资渠道;本土人才双语教学;产学研合作	资助企业引进专业人才;组织人才参观学习	学徒制;专项调拨资金
人才创新	跨国公司设立研发中心享受税收优惠;专利批准时间缩短至1.9个月;放宽海外企业家创新条件限制	"跨国公司和地区总部"计划;跨国公司税收优惠;建立ACE社群	建立孵化器、实验室空间等提供交流平台	开放式创新协会
人才保障	一站式创业中心	国际工作者享有五年税收优惠;海外人才子女可以在本地就读		"一站式"绿色服务

3.3 本章小结

本章对国内的上海、北京、深圳、苏州、杭州五个城市以及东京、新加坡、纽约和伦敦四个国外城市的人才政策进行了对比。

就总体而言,国内上海、北京、苏州等以及国外新加坡、纽约等各大城市都已建立比较完善的高层次人才政策体系,对人才具有一定吸引力和竞争力,也为人才在城市工作、生活提供了不同程度的优惠和便利。就上海与北京和深圳这两个经济实力相对等的城市对比来看,上海市在人才培养和人才创新方面已制定了比较健全的政策,为提升本土和海外人才的创新能力和上海市的人力资本水平和创新发展水平提供了基础和保障;但在人才引进和人才保障方面,上海市相较于北京和深圳这两大城市来说有所不足。首先,在人才引进方面,北京和深圳市致力于分领域分赛道以不同方式和制度吸引高精尖缺人才，汇聚各领域高层次人才。相比较之下，上海市缺乏对人才更精细、多领域以及高层次的分类和遴选。在人才保障方面，上海市在海外人才日常生活服务政策、居住往返国家便捷性政策等方面与北京市存在一定差距，在市场化引才机制以及本土人才服务和保障方面与深圳市存在一定差距。此外，就上海与苏州和杭州这两个长三角核心城市对比来看，上海市在人才服务效率和效能上相较于这两个城市有所不足，在人才培养方面缺乏像苏州人才和所在单位双向奖励的培养体系，在人才引进方面缺乏像杭州用人权利下放的制度和措施。最后，笔者通过分析借鉴东京、新加坡、纽约以及伦敦人才政策，发现上海市在跨国公司及其海外人才的税收优惠、初创企业及其人才的鼓励和资助力度、海外人才的签证和移民的便利性、本土人才的培养和保障等方面还需要进一步学习和探索。

4 在沪跨国公司研发中心人才配置效应的机制研究

4.1 在沪跨国公司研发中心创新模式调整

自20世纪80年代末90年代初第一批跨国公司研发中心在中国设立以来,跨国公司研发中心经历了三个发展阶段:早期在沪跨国公司研发中心主要处于为本地产品服务阶段,它们中大部分的设立目的为满足中国政府需求,创新活动几乎处于封闭状态。例如,作为拥有百年历史的跨国公司,默克于1933年在中国开设第一家分公司,设立的目的主要是推广其研发的药物和化学药品。2009年,默克在上海设立了研发中心,但当时仅仅将该中心定位于总部研发体系的支持角色。①

后来跨国公司逐渐认识到中国消费市场的巨大潜力,进入为本地产品开

① 中国青年报. 外资企业十年之变:共享高质量发展红利[EB/OL]. [2025-03-25]. https://baijiahao.baidu.com/s? id=1746977298965283059&wfr=spider&for=pc.

发阶段，部分在沪跨国公司研发中心开始与本土企业以及科研机构开展合作，研发适合中国市场的产品。[①] 在沪跨国公司研发中心开始试图转变研发组织形态，与不同创新主体合作，实现自身技术进步的同时，助力本土企业加快研发速度、提高研发效率。

以礼来公司（以下简称“礼来”）为例，2017 年，作为第一个在中国开展大规模研发活动的跨国公司生物医药企业，礼来制药关闭了其在上海张江的研发中心，转而于 2018 年 3 月 14 日在上海成立中国创新合作中心，该中心不仅实现了从研发中心到创新中心的组织形态变迁，也开始实施外向型协作研发战略，推动药物前期研发的主要形式为本土协作和合作伙伴关系，该中心致力于通过与本土企业的合作实现协同创新。[②] 礼来与上海 CRO 企业（Contract Research Organization，合同研究组织）合作不仅可以降低固定成本，使得其有充足资金投资下一代新药研发[③]，还能提高药品开发、生产和上市的效率。[④] 礼来与上海浦东本土企业君实生物合作，共同开发了有关新冠抗体疗法，不仅为我国有针对性地抗击新冠疫情提供了帮助，也为全球抗击疫情事业做出了突出的贡献。[⑤]

再比如，强生集团（以下简称“强生”）于 2019 年 6 月 27 日成立了创新孵化器：JLABS @上海。[⑥] 强生以内部雄厚的创新资源为受孵化企业提供培训

---

① 搜狐网. 在沪跨国公司研发中心调研研究[EB/OL]. [2025－03－25]. https://www.sohu.com/a/www.sohu.com/a/396181417_100000139.

② 中证网. 礼来“重开”中国创新中心 将与本土企业合作前期药物研发[EB/OL]. [2025－03－25]. https://www.cs.com.cn/cj2020/201803/t20180315_5745501.html.

③ 搜狐网. 外企怎么啦？礼来制药确认关闭中国研发中心，GSK 将逐步关闭苏州工厂！[EB/OL]. [2025－03－25]. https://www.sohu.com/a/191179106_464397.

④ 浦东时报. 礼来中国创新合作中心在上海成立[EB/OL]. [2025－03－25]. http://www.pdtimes.com.cn/html/2018-03/27/content_3_1.htm.

⑤ 药智新闻. 君实生物与礼来制药就新冠肺炎合作开发预防与治疗性抗体疗法[EB/OL]. [2025－03－25]. https://news.yaozh.com/archive/29752.

⑥ 中国新闻周刊. 宋为群：以创新为内核领导强生中国[EB/OL]. [2025－03－25]. https://mp.weixin.qq.com/s/dbK0zunZot2e64OTBFipLg.

与专家咨询服务、专业的设施、实验室及设备共享服务、融资服务等，在不断引进创新产品和技术的同时，积极培育本土组织的研发创新能力。强生 JLABS 提供的创新优势资源，有助于本土初创企业技术的设计和开发（魏永忠，2019）。以入驻强生 JLABS 的本土企业和度生物为例，其正是在强生内部科学顾问团队的指导建议下，明确了公司的药物研发方向。[①] 强生也通过开展 Quick Fire Challenge，为优胜者提供项目资金支持和入孵机会。[②] 截至 2022 年 12 月 22 日，强生 JLABS 已孵化 72 家涵盖制药、医疗器材和消费品等领域的企业，其中包括 8 家 2022 年入驻的企业，这些初创企业中 48%来自国内，52%来自亚太及世界其他地区，共获得超 35 亿美元的融资和战略关系总值。[③]

这一创新战略和研发模式的转变不仅反映了在沪跨国公司生物医药企业在华研发活动的重心的转变，即由封闭研发转变为创新协同发展，也反映了跨国公司对上海市政策优惠、人口红利、营商环境等方面优势的青睐。随着上海市进一步开放对外商投资的限制，在沪跨国公司研发中心在全球的地位不断提升，部分跨国公司研发机构开始将研发重心放在对中国和国际发展具有长期战略意义的活动上，即进入全球战略研发阶段[④]，跨国公司研发中心的业务活动类型逐渐从针对中国市场的专用型，向针对全球市场的创新型研发活动转变。

比如，诺华集团（以下简称“诺华”）在上海设立了与其在瑞士（总部）和美

---

① 你好张江. GOI 之下，张江科技创新“热带雨林”枝繁叶茂[EB/OL]. [2025－03－25]. https://mp.weixin.qq.com/s/RX35yNnYfthXcNZRQLSOvw? poc_token＝HNxX4mej0JOQHmyqzQi6Tz4FzKRmb2zPHS_0qK5.

② 健康界. 强生创新挑战赛来袭 你的孵化器功课做了吗？[EB/OL]. [2025－03－25]. https://www.cn-healthcare.com/article/20180712/content-505634.html.

③ JNJInnovation. 王丹博士的年终寄语——生机勃勃的一年[EB/OL]. [2025－03－25]. https://mp.weixin.qq.com/s/IunVOQvRleMFE2Ag7twEqA.

④ 搜狐网. 在沪跨国公司研发中心调研研究[EB/OL]. [2025－03－25]. https://www.sohu.com/a/www.sohu.com/a/396181417_100000139.

国所设立的研发中心能级并列的全球综合性研发中心[1]，该研发中心设立的目的不仅是使诺华能结合本土创新力量研发适合当地市场的药物，更重要的是为诺华在全球范围内的创新药业务发展提供研发支持。再比如，2019 年，跨国公司生物医药企业巨头之一罗氏制药（以下简称“罗氏”）追加投资 8.63 亿元，将其研发中心升级为全新的罗氏上海创新中心，聚焦研究与早期研发相关领域的创新型药品，跻身成为全球第三战略中心。[2] 新冠疫情后，2021 年罗氏又投资近 3 亿元人民币建立罗氏中国加速器，积极搭建与本土初创企业合作的平台，聚焦于以开放创新推动医疗产业的发展。2022 年罗氏继续追加投资 2.5 亿元，将罗氏上海创新中心升级为罗氏中国创新中心，自此该中心拥有早期研究开发的独立决策权[3]，罗氏在上海也拥有了从研发、生产到营销的全价值产业链条[4]，助力其全球医学研发事业发展。

进入全球战略研发阶段后，在沪跨国公司研发中心的组织形态由单一研发中心转换为创新中心，组织功能也从“引进全球创新”快速向“孵化本土创新”转变。越来越多的跨国公司通过在上海创建孵化器和众创空间等开放式创新功能性平台、开放供应链和产业链，带动孵化本土初创企业，为当地的中小企业、客户或创业者提供服务。

默克上海创新基地积极与通过默克创新委员会审评的本土创新项目展开合作，并成立“默克中国种子基金”，推动本土中小企业基础研发成果转化，实现与本土创新生态的互惠共赢。截至 2022 年 11 月，默克上海创新基地累计

---

① 浦东时报．诺华制药带动本土创新链发展[EB/OL]．[2025－03－25]．http://pudong-epaper.shmedia.tech/Article/index/aid/135589.html.

② 澎湃新闻．创新中心落沪：上海跻身罗氏全球三大战略中心[EB/OL]．[2025－03－25]．https://m.thepaper.cn/baijiahao_4736707.

③ 健康界．罗氏、西门子医疗、默沙东、赫力昂、礼来、艾尔建美学、武田等公司新动态[EB/OL]．[2025－03－25]．https://www.cn-healthcare.com/articlewm/20221011/content-1447983.html.

④ 上海科技．由研发中心到开放式创新中心，这些外资企业为何都选择这里？[EB/OL]．[2025－03－25]．https://mp.weixin.qq.com/s/Sv1q0M7GDYcu9AYazNBqEw.

孵化引进了12家医药健康、生命科学、电子科技领域的创新项目。[①] 2021年10月11日,阿斯利康宣布全球研发中国中心正式开幕,上海国际生命科学创新园 iCampus、医疗人工智能创新中心同步正式启用,为中国本土创新企业提供项目落地、创新孵化、商业加速及扩大规模的一站式赋能[②],完成从研发到孵化的转变。[③]

截至2022年12月,全球跨国生物医药企业前20强中有9家企业在张江设立了开放创新中心,18家在上海设立地区总部、研发中心或生产基地。[④] 据2022年跨国公司医药企业创新论坛统计,在沪跨国公司生物医药研发总部数量位居全国第一。跨国生物医药企业正在以更加开放、包容、合作的心态与中国本土企业合作[⑤],进而引领全球研发进一步发展。

4.2 上海市科技人才集聚现状及趋势

4.2.1 上海市 R&D 人员集聚现状

目前,上海不仅吸引了大量跨国公司研发中心聚集,也在 R&D 人员集聚方面取得了显著的成效。上海市规模以上工业企业 R&D 人员从2010年的8.21万人增长到了2023年的14.56万人,近十余年来增长率的变化幅度较

① 澎湃新闻. 默克上海创新基地已累计赋能63家创新企业[EB/OL]. [2025-03-25]. https://www.thepaper.cn/newsDetail_forward_20812254.

② 阿斯利康中国. 阿斯利康全球研发中国中心正式开幕,助力上海打造世界级生物医药产业高地[EB/OL]. [2025-03-25]. https://www.astrazeneca.com.cn/zh/media/press-releases/2021/_—.html.

③ 乐艳娜. 跨国药企的中国创新[J]. 中国外资,2021(7):22-25.

④ 上海市人民政府新闻办公室. 上海构建生物医药全产业链政策支持体系,提供"保姆式"配套服务 外资生物医药企业紧抓"上海机遇"[EB/OL]. [2025-03-25]. https://www.shio.gov.cn/TrueCMS/shxwbgs/ywts/content/369de1b8-5c75-495b-b7cc-219529357566.html.

⑤ 上海科技. 由研发中心到开放式创新中心,这些外资企业为何都选择这里? [EB/OL]. [2025-03-25]. https://mp.weixin.qq.com/s/Sv1q0M7GDYcu9AYazNBqEw.

大,2023 年同比增长 1.61%(如图 4—1 所示)。

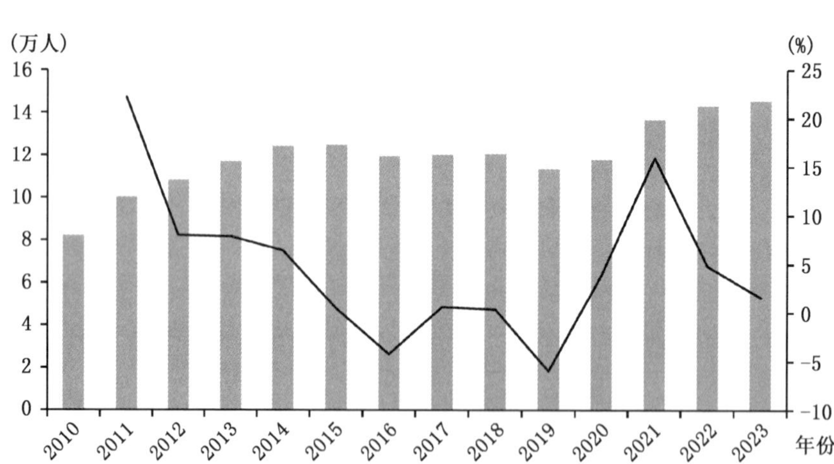

数据来源:上海统计年鉴。

图 4—1　2010—2023 年上海市规模以上工业企业 R&D 人员情况

尽管存在个别年份负增长的情况,上海市外商企业 R&D 人员整体上仍呈现波动上升的趋势,人员总数从 2010 年的 3.42 万人增长到 2023 年的 3.88 万人(如图 4—2 所示)。在新冠疫情的影响下,上海市外商企业 R&D 人员在近三年中仍保持增长的态势,2021 年同比增长 10.22%。然而,2022 年与 2023 年略有下降,同比增长率分别为—1.75%和—1.02%。

上海市生物医药制造业企业 R&D 人员数量总体呈现出波动上升的趋势,从 2010 年的 0.51 万人增长到 2022 年的 1.46 万人。2022 年上海市生物医药制造业企业 R&D 人员数量再创新高,同比增长 18.70%(如图 4—3 所示)。

从近十年上海市 R&D 人员情况来看,人才资源吸引力经历了一段趋弱的时期,引起这一现象的原因可能是近几年部分新一线和二线城市迅速崛起,纷纷出台人才相关政策、放宽落户条件,这些城市广大的发展空间吸引了部分

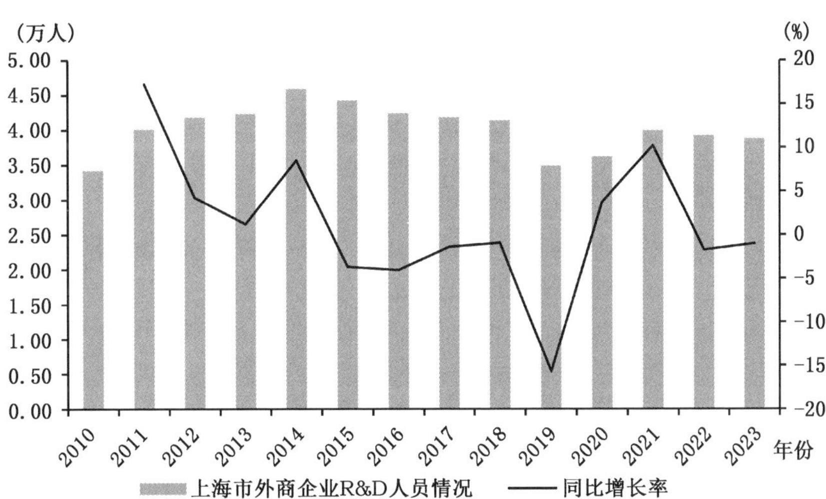

数据来源：上海统计年鉴。

图 4—2　2010—2023 年上海市外商企业 R&D 人员情况

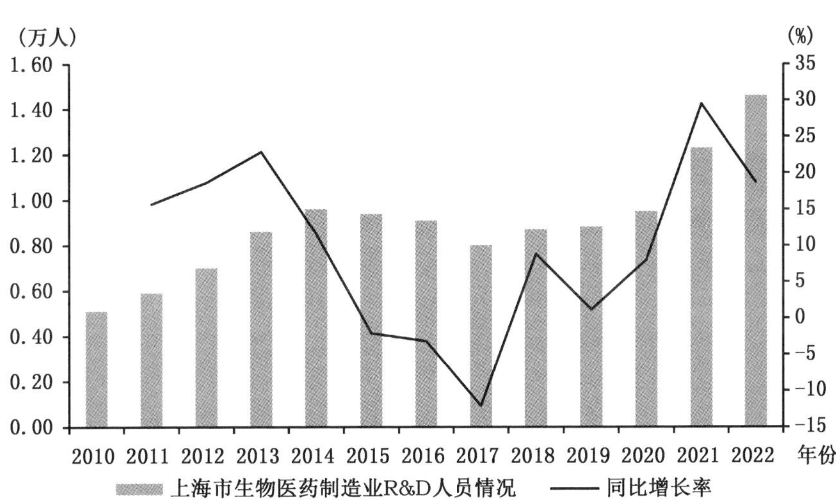

数据来源：上海统计年鉴。

图 4—3　2010—2022 年上海市生物医药制造业 R&D 人员情况

人才流出上海。但在此压力之下,上海持续巩固外籍人才资源优势,形成科技人才集聚。2020 年,上海市发布《上海市鼓励设立和发展跨国公司研发中心的规定》等规定[①],在外籍人员多次临时入境、申办永久居留等方面给予了便利。2022 年,上海市印发修订后的《上海市鼓励跨国公司设立地区总部的规定》等规定[②],为符合条件的外籍人员家属在停居留、医疗服务、申请人才公寓、子女就读等方面提供便利,增加了外籍人才留沪意愿。近 3 年来,上海市的人才资源吸引力再度攀升,生物医药制造业 R&D 人员也在持续上涨。数据显示,2021 年,上海人才资源总量达 675 万人,是全国外籍人才、工作和创业留学回国人员数量均位列第一的城市,连续 8 年蝉联"外籍人才眼中最具吸引力的中国城市"。[③]

4.2.2 上海市 R&D 人才集聚影响因素分析

1. 产业集聚

产业集聚体现为在某一经济区域内关联度相对较高的产业的集中和汇聚。相关专业人才会随着产业的空间聚集而流动,从而在该地区产生人才集聚。产业集聚和人才集聚会产生良性互动,产业集聚带动人力资本的扩充,加快地区人才的竞争和知识更新速度,借此实现更多元的资本要素的集聚。

以上海浦东随着产业集聚产生的人才聚集现象为例,截至 2022 年 12 月,47 家大企业开放创新中心在浦东地区集聚,其中含 9 家企业跨国药企开放创

① 上海市人民政府办公厅. 关于印发《上海市鼓励设立和发展外资研发中心的规定》的通知[EB/OL]. [2025−03−25]. https://www.shanghai.gov.cn/nw12344/20201124/585e07c468d24a2eb8adf9ca1420ea5d.html.

② 上海市人民政府. 关于印发修订后的《上海市鼓励跨国公司设立地区总部的规定》的通知[EB/OL]. [2025−03−25]. https://www.shanghai.gov.cn/nw12344/20221107/6fa86f4b65554f43bc9633fca378ffa9.html.

③ 上海市人力资源和社会保障局. 上海加快建设高水平人才高地,让各类人才汇聚扎根、干事创业、实现价值[EB/OL]. [2025−03−25]. https://rsj.sh.gov.cn/tszf_17089/20211008/t0035_1402926.html.

新中心，18家跨国药企地区总部、研发中心或生产基地。[①] 这些机构的集聚加速了科研人员在浦东的集聚。截至2022年年底，浦东新区人才资源总量超过170万人，是海内外高端人才集聚度最高的地区之一，重点产业国际化人才占比超过4%。[②] 浦东以在全领域推进创新海内外人才集聚制度为手段，打造海内外科技人才融合集聚、创新氛围浓厚的国际化人才高地。

2. 社会环境

社会硬环境方面，一方面，截至2023年年底，上海市共有831千米城市轨道交通网络，拥有20条线路、508座车站(其中换乘站83座)，网络规模、车辆数量和全自动运行线路里程均位列世界前列。[③] 在中国城市发展研究院公布的"城市建设水平综合评估报告TOP50"榜单中，上海市排名第一，公共服务水平高，对科技人才集聚具有较强的吸引力。另一方面，作为我国最大的经济中心城市和改革开放的前沿窗口，上海的优势之一是开放，而地区开放性恰恰能够促进人才集聚。

在社会软环境方面，国家统计局的数据显示，截至2023年，上海市医院数量为467家，位列全国第五；根据《2023年度中国医院排行榜》，全国百强榜单中，上海市占据了19席。[④] 2022年上海人才安居服务平台正式上线，推出自动推荐就近房源功能，提供远低于市场租金水平公共租赁住房和人才公寓，为各类在沪人才提供基础生活保障。除此之外，高等教育发展水平对于人才而言也是一大吸引力。截至2024年6月，上海市大学共有69所普通高等学校，

---

① 新浪财经. 开放创新火了！又一批大企业在浦东开了这个中心[EB/OL]. [2025-03-25]. https://finance.sina.com.cn/jjxw/2022-08-24/doc-imizirav9511363.shtml.

② 网易新闻. 打造国际人才发展引领区，浦东出台了一系列政策！[EB/OL]. [2025-03-25]. https://www.163.com/dy/article/HSANVOO20512DU6N.html.

③ 上海市交通委员会. 2023年度上海市城市轨道交通服务质量评价结果[EB/OL]. [2025-03-31]. https://jtw.sh.gov.cn/zxzfxx/20240208/b00cc25787c84ab08c415eb49e38b2de.html.

④ 研阅百科. 顶级百家医院榜单出炉！中国哪个城市在医疗领域排名第一？[EB/OL]. [2025-03-31]. https://baijiahao.baidu.com/s?id=1812851158603005362&wfr=spider&for=pc.

其中本科 40 所，专科 29 所，“双一流”建设高校 15 所。① 上海市社会软环境水平高，具备满足人才生活、工作等高层次需求的条件，能够促进科技人才集聚。

3. 创新市场环境

区域创新环境能够促进科技人才发挥潜能，积极开展研发活动，从而显著促进区域科技人才集聚。上海通过兴建许多科研机构和产业园区，提升研发创新氛围，不断优化创新环境，为跨国公司提供良好的研发创新平台，对全球人才产生强烈的吸引力。跨国公司通过分享创新成果，引进先进的技术经验，提升上海创新氛围。例如，上海张江高科技园区是跨国公司研发聚集的场所，聚集了大量的智力和技术资源。辉瑞、礼来等跨国生物制药企业将其研发中心设立于此，便于临近知识源以获得技术溢出，更好地获取创新途径，加速了生物技术成果转化和创新药的推广。2019 年，辉瑞、罗氏、礼来等生物医药跨国公司在上海举办的进博会上分享自身药物研发创新成果②，展示创新前沿技术③，加强上海创新氛围④，有助于更好地吸引、服务、集聚高端人才。

4. 市场中介组织

积极发挥市场中介组织的作用，可以激发企业引入人才的积极性，进一步形成人才集聚的规模效应。一方面，市场中介组织具有信息咨询的职能，是跨国公司企业与本土利益相关者了解、沟通的桥梁。⑤ 专业的市场中介组织能够为海外留学人才提供政策沟通服务、创新创业的配套服务，吸引人才集聚。

① 搜狐网. 上海高校大揭秘！一文读懂申城高校资源[EB/OL].[2025－03－31]. https://learning.sohu.com/a/www.sohu.com/a/871732652_122314688.

② 雪球. 辉瑞携创新产品集体亮相第二届进博会[EB/OL].[2025－03－25]. https://xueqiu.com/3483303916/135393193? md5_1038＝n4Ux2DuDgiGQ3GKqGNDQTqx9DBAFD9nWciOYD.

③ 腾讯网. 腾讯网—健康[EB/OL].[2025－03－25]. https://news.qq.com/ch/health/.

④ 尚瑞医疗. 2019 进博会 | 首次入驻进博会，礼来为中国带来了什么礼物？[EB/OL].[2025－03－25]. http://www.sryl.com.cn/article-870.html.

⑤ 刘再起，吴斯. 市场中介组织与在华外资企业绩效研究——腐败与社会信任的调节作用[J]. 理论月刊，2021，471(3)：49－57.

同时，在沪跨国公司研发中心也可以借助人才协会、人才服务机构等市场中介组织，获取本土市场的信息、向社会公众披露自身信息，克服信息不对称导致的外来者劣势，进而吸引专业技术对口的人才。另一方面，市场中介组织能够发挥监管作用[①]，营造公平、公正、透明的市场竞争环境，增强市场主体创新动力。党的十八大以来，上海便着力建设开放的科技中介体系，通过充分使用科技创新资源，促进科技成果转移转化[②]，营造创新的市场氛围，为在沪企业吸引人才集聚提供支撑，推动打造更为开放和创新的人才集聚格局。

5. 政府政策支持

政策支持在人才吸引和集聚过程中起到了非常重要的作用。上海通过发布促进人才发展等相关政策文件，不断加强本市人才队伍建设，不断优化人文环境，建设人才队伍。2014 年 7 月，上海完善地方教育附加专项资金分配使用办法，通过发放职工职业培训补贴，培养和造就高素质人才队伍，以提升上海重点产业领域的人才竞争比较优势。[③] 2018 年 3 月，上海发布《人才高峰工程行动方案》，着力在上海具有基础优势的领域聚集引领性的优秀人才，这对上海人才队伍的建设起到重要推动作用。2020 年，上海出台《关于新时代上海实施人才引领发展战略的若干意见》[④]，着力构建高科技人才知识产权保护、高层次人才培养的体制机制，进一步提升青年人才吸引集聚度。

上海通过提供具体的激励政策和措施，不断优化人文环境，致力于吸引、留住、用好海归人才和国际人才。得益于上海新经济促进政策与逐渐放宽的

---

① 刘传俊，王慧敏. 税费负担、市场环境与企业社会责任履行[J]. 会计之友，2020(2)：81－89.

② 上海市人力资源和社会保障局. 创新驱动成效显著 科技自强蹄疾步稳——党的十八大以来经济社会发展成就系列报告之十[EB/OL]. [2025－03－25]. https://rsj.sh.gov.cn/t02_17767/20221013/t0035_1410633.html.

③ 上海市人民政府. 上海市财政局等关于印发《关于进一步完善地方教育附加专项资金分配使用办法加强企业职工职业培训的实施意见》的通知[EB/OL]. [2020－09－29]. https://www.shanghai.gov.cn/nw49069/20200929/0001-49069_65091.html.

④ 人民日报. 上海发布人才高峰工程行动方案[EB/OL]. [2025－03－22]. https://www.gov.cn/xinwen/2018-03/27/content_5277632.htm.

落户政策，上海市人才流出减少，人才集聚现象愈发明显。2016 年 12 月，上海科创中心建设出入境政策“新十条”实施，对国际高端人才在沪集聚产生一定的吸引和激励。得益于该项政策，2017 年，经自贸区管委会推荐，上海罗氏制药总经理周虹成为全国第一位获得永久居留身份证(俗称中国绿卡)的海外人才。[①] 2017 年 6 月，上海浦东新区推出九条措施，旨在提高海外人才通行和工作的便利性。[②] 2018 年 4 月，上海浦东新区发布《浦东新区关于支持人才创新创业促进人才发展的若干意见》，促进全球人才集聚、海内外人才交流融合。[③] 2020 年 11 月，上海市新版《留学回国人员申办上海常住户口实施细则》中取消留学生回国后首份工作地不在上海的限制性要求，并新增 3 个留学生激励条件，为家属随迁提供便利；[④]2021 年新版《上海市引进人才申办本市常住户口办法》中，随着人才引进落户通道由 16 个增加至 18 个，落户通道明显放宽；[⑤]2022 年，上海市出台《上海市社会工作人才队伍建设“十四五”规划》，实施海外高层次人才引进计划，优化留学生层次结构，推进重点领域人才发展[⑥]，推动人才集聚。2023 年，上海市人才落户新政颁布，降低了海归及国内应届硕士毕业生落户的门槛，毕业于世界排名前 50 院校的留学生赴沪签约工

---

① 新华网. 从一个到一群 量变引发质变——上海自贸区五周年回眸[EB/OL].[2025－03－25]. http://www.xinhuanet.com/politics/2018-09/28/c_1123498113.htm.

② 搜狐网. 浦东新区发布《浦东新区关于提高海外人才通行和工作便利度的九条措施》[EB/OL].[2025－03－25]. https://www.sohu.com/a/150121892_719687.

③ 搜狐网. 张江药谷的“链式反应”丨从拓荒者到见证人，罗氏 26 年的筑梦之路_中国区[EB/OL].[2025－03－25]. https://m.sohu.com/a/402934758_195713/m.sohu.com/a/402934758_195713.

④ 上海市人力资源社会保障局. 关于印发《留学回国人员申办上海常住户口实施细则》的通知[EB/OL].[2025－03－25]. https://www.shanghai.gov.cn/202102gfxwj/20210129/8b43148eec5b433d8fcbb4a6e6e2618c.html.

⑤ 上海市人力资源社会保障局. 关于印发《上海市引进人才申办本市常住户口办法实施细则》的通知[EB/OL].[2025－03－25]. https://www.shanghai.gov.cn/202102gfxwj/20210129/50b3db9d77694ba09b3870fda5f96e81.html.

⑥ 上海市民政局. 上海市社会工作人才队伍建设“十四五”规划[EB/OL].[2025－03－22]. https://mzj.sh.gov.cn/mz-jhgh/20220315/23b4413667254a4cbaf0064f60791112.html.

作后即可申请落户，毕业于世界排名 51～100 院校的留学生来沪工作并累积缴纳 6 个月社保后可落户上海，应届博士、上海高校应届硕士生、六校应届本科生(清华/北大/复旦/交大/同济/华师大)，满足基本申报条件即可直接落户。以上政策均体现出上海在吸引、留住、用好人才方面的行动力。

4.2.3　上海市 R&D 人员流动趋势分析

近年来，上海市人才流出占比降幅明显，由 2019 年的 4.8％ 降至 2021 年的 2.6％。[①] 2024 年上海的 95 后人才净流入占比为 1.6％，高于全国总体的 95 后人才向一线城市聚集程度。[②] 人才由上海向其他城市流动的原因主要有两个方面。一方面，2016 年上海市发布《国民经济和社会发展第十三个五年规划纲要》[③]《上海市城市总体规划(2015—2040)纲要》[④]，提出将 2020 年及之后的上海常住人口控制在 2 500 万人以内的要求，对人口规模的限制导致部分科技人才流出上海。另一方面，在产业转移背景下，人才流动会受到转移企业的激励机制、聚集度、成熟度，以及科技人才能力水平的影响。随着《关于促进制造业有序转移的指导意见》[⑤]等产业转移相关政策的发布，上海市积极推动价值链的提质增效，利用自身科技创新资源禀赋与市场要素资源优势，加强与国际国内城市的联动协同，促进产业转移，导致人才从上海流向长三角地区

---

① 澎湃新闻. 中国城市人才吸引力报告：2020[EB/OL]. [2025－03－25]. https://www.thepaper.cn/newsDetail_forward_9743755.

② 新闻晨报. 95 后流动人才集聚一、二线城市，智联招聘出具《2024 中国城市人才吸引力排名》[EB/OL]. [2025－03－31]. https://baijiahao.baidu.com/s?id=1817060464171504266&wfr=spider&for=pc.

③ 上海市人民政府. 上海市国民经济和社会发展第十三个五年规划纲要[EB/OL]. [2025－03－25]. https://www.shanghai.gov.cn/nw39378/20200821/0001-39378_1101146.html.

④ 中华人民共和国中央人民政府. 上海市财政局等关于印发《关于进一步完善地方教育附加专项资金分配使用办法加强企业职工职业培训的实施意见》的通知[EB/OL]. [2025－03－22]. https://www.shanghai.gov.cn/nw49069/20200929/0001-49069_65091.html.

⑤ 中华人民共和国中央人民政府. 关于促进制造业有序转移的指导意见_国务院部门文件_中国政府网[EB/OL]. [2025－03－25]. https://www.gov.cn/zhengce/zhengceku/2022-01/15/content_5668321.htm.

其他城市。2021 年上海人才流出占比明显下降,主要归功于落户政策条件放宽。

2021 年,上海市人才净流入再创新高,占比 2.1%[①],主要有以下三个原因。首先,科技人才从经济欠发达区域向经济发达区域流动,上海经济发展水平高,对科技人才具有一定的吸引力。2021 年上海的 GDP 规模、城镇常住人均可支配收入均位列全国城市第一,其中 GDP 规模达 4.32 万亿元,同比增长 8.1%,城镇常住人均可支配收入 8.2 万元,同比增长 7.8%。[②] 其次,良好的就业契机与发展平台吸引科技人才进一步流入上海。2020 年上海市印发《上海市促进在线新经济发展行动方案(2020—2022 年)》,推动数字型企业发展,抵御公共卫生突发事件对固有生产、管理服务模式的影响。[③] 数据显示,2021 年上海的中国互联网百强企业数同比增加 20 家,位列全国城市第二,企业互联网业务累计收入同比增加 35%,位列全国省市第一[④],"在线新经济"发展效果明显。最后,随着新版《留学回国人员申办上海常住户口实施细则》、新版《上海市引进人才申办本市常住户口办法》《上海市社会工作人才队伍建设"十四五"规划》等政策的实施,落户政策放宽,大批人才流入上海。2021 年上海居转户公示落户人数 37 684 人,同比增长 104.6%。[⑤]

除区域间流动这一特征,上海市科技人才的流动趋势还呈现出本土高层次人才内部流动的特征。根据上海市规模以上企业的分布特征,企业集聚最

---

① 澎湃新闻. 中国城市人才吸引力报告:2020[EB/OL]. [2025—03—25]. https://www.thepaper.cn/newsDetail_forward_9743755.

② 上海市统计局. 2021 年上海市国民经济和社会发展统计公报[EB/OL]. [2025—03—25]. https://tjj.sh.gov.cn/tjgb/20220314/e0dcefec098c47a8b345c996081b5c94.html.

③ 上海市人民政府办公厅. 关于印发《上海市促进在线新经济发展行动方案(2020—2022 年)》的通知[EB/OL]. [2025—03—25]. https://www.shanghai.gov.cn/nw48503/20200825/0001-48503_64687.html.

④ 中新网. 上海"在线新经济"进入"蝶变期"—中新网[EB/OL]. [2025—03—25]. https://www.chinanews.com.cn/cj/2022/03-16/9703732.shtml.

⑤ 澎湃新闻. 中国城市人才吸引力报告:2020[EB/OL]. [2025—03—25]. https://www.thepaper.cn/newsDetail_forward_9743755.

多的市辖区是浦东新区，接下来依次为松江区、嘉定区、闵行区、青浦区、宝山区。[①] 其中，浦东新区集聚了中国科学院上海药物研究所、中国科学院上海应用物理研究所、大企业开放创新中心等一批研发机构。而嘉定区则集聚了物联网、新能源、新材料、生物医疗技术设备及汽车智能化等高新产业。由于上海市科技企业、科研机构等存在地域上的空间隔离，研发机构的科技人员会在上海市内发生小幅流动。根据人才的分布特征，科技人员最多的市辖区是浦东新区，接下来依次为松江区、嘉定区、闵行区，这一特征体现了科技人才向企业集聚较多的创新城区流动的趋势。同时，出于土地面积限制、居民生活成本、企业成本等因素的考虑，上海市中心城区无法形成大批量规模以上企业和科技人才集聚的现象。因此，从空间区域上，随着企业根据自身利益导向产生的迁移，科技人才也产生了由上海市中心城区向周边城区，如浦东、嘉定等城区流动的趋势。以浦东新区为例，大量生物医药产业在张江科学城扎根，形成了从药品研发到生产上市的完整产业链，随着《上海市张江科学城发展"十四五"规划》等政策的颁布[②]，张江科学城进一步放宽了居转户评价标准，将人才引进的居转户年限由 7 年缩短为 5 年，其中重点产业的骨干人才年限缩短为 3 年[③]，形成了大量生物医药行业科技人才向张江科学城流动的趋势。

4.3　在沪跨国公司研发中心发挥集聚效应吸引人才

近年来，上海市人民政府出台多项政策鼓励外商投资设立及发展研发中

① 甘水玲，刘晋元. 上海企业科技人才空间集聚效率评价及影响因素分析——以规模以上工业企业为例[J]. 科技管理研究，2021，41(6)：71－79.

② 上海市人民政府. 关于印发《上海市张江科学城发展"十四五"规划》的通知[EB/OL].[2025－03－25]. https://www.shanghai.gov.cn/nw12344/20210716/ebe18fe83b724f14b9120d218ec33ed0.html.

③ 上海市人力资源社会保障局. 关于优化本市居住证转办常住户口政策的通知[EB/OL].[2025－03－25]. https://www.shanghai.gov.cn/202102gfxwj/20210129/57347917492147899980f342bb85d3f0.html.

心。优质的政策制度环境进一步推动了跨国公司研发中心的兴起。截至2022年年底，在沪跨国公司研发中心累计达到531家，形成了一定的集聚效应。而跨国公司研发中心是我国科技创新体系的重要组成部分，也是跨国公司企业吸引聚集国内外高端人才的重要平台。① 有学者将人才集聚效应划分为内部效应和外部效应，内部效应是指人才集聚带来的知识产品和服务创造力的提高，表现为协作效应、学习效应、竞争效应；外部效应是指人才集聚带来的外部经济性，包括引致效应、品牌效应和示范效应。②

4.3.1　内部集聚效应分析

1. 协作效应

协作效应是指人才集聚会吸引个体相异而专业相关或相近的人才的现象。协作效应导致的分工协作既可以让人才个体从事自身最擅长的领域从而实现个体的专业化发展，又可以通过群体内部的整合机制实现不同个体之间知识和技术的优势互补。人才集聚不是简单的人才加法，良好的协作效应可以使人才集聚成为倍增效益的集群生产力和创造力。

以生物医药企业阿斯利康为例，连续12年蝉联“中国杰出雇主”认证的阿斯利康具备完善的人才管理战略与激励体系。③ 一方面，在现有的产品管线下，已有团队下的每位科研人员都具有在自己的专业领域大展拳脚的机会。阿斯利康全球研发中国中心已有150多个产品管线，覆盖肿瘤、心血管、肾脏、罕见病等领域。每个项目团队负责各自产品管线的研发策略制定、全生命周

① 经济日报. 构建开放创新生态 外资研发中心吸引更多创新资源[EB/OL]. [2025－03－22]. https://m.gmw.cn/baijia/2023-02/09/36355082.html.

② 张体勤，刘军，杨明海. 知识型组织的人才集聚效应与集聚战略[J]. 理论学刊，2005(6)：70－72.

③ 生物探索. “中国杰出雇主2022”新鲜出炉，这几家企业蝉联榜单[EB/OL]. [2025－03－22]. https://www.biodiscover.com/plus/view.php? aid＝739678

期产品开发，深度参与阿斯利康的全球新药研发。[①] 良好的分工使阿斯利康每位研发人员得以专注于自己擅长的领域，这有利于提高生产和创新效率。另一方面，为了创造组织最大效能的协同，除了按照产品管线部署人才之外，阿斯利康还横向搭建了虚拟组织，拉动各个团队一起开展相关合作，从而推动公司策略的高效传达和落实。目前，阿斯利康全球研发中国中心在华研发管线的150多个在研项目与全球研发管线的同步研发已达近90%。[②] 这不仅可以促使公司内部全链条资源得到高效利用，加快创新药物在中国的临床开发和上市，也使得本土研发人员得以深度参与阿斯利康的全球新药研发，为其学习先进经验提供机会。此外，阿斯利康全球研发中国中心新成立了数字与数据创新、转化医学、研发战略等团队，与已有的肿瘤、心血管、肾病等团队相互协作，进一步扩展新药研发的疾病领域，加快新药的引进和研发。[③] 由此可见，研发中心内部的整合机制可以促进员工之间优势互补，加强集群生产力和创造力。

2.学习、竞争的联动效应

人才集聚会产生超强的联动效应，这体现在人才之间的相互学习和竞争中。一方面，人才集聚可以形成具有强大学习能力的团队，团队成员在生产和创新过程中彼此学习、相互交流，促进了人才个体和人才团体能力的积累和优化升级。另一方面，竞争是保持组织活力的重要途径。人才集聚必然会导致竞争，竞争会带来人才学习的内在要求和外在动力，激发人才的学习欲望和创新意识。特别是在知识和技术快速更新的经济全球化发展时期，适度的危机

---

① 研发客.阿斯利康研发邀请您 与全球管理团队共瞻行业创新的未来[EB/OL].[2025－03－22]. https://xueqiu.com/4376152234/222228507?md5_1038=n4RxuDnDRDyDcAYD%2FD0Yx20FDkiQ3Dt3KWFH4D.

② 新民晚报.从“头回客”，到“回头客”，阿斯利康持续加码在华投资[EB/OL].[2025－03－22]. https://baijiahao.baidu.com/s?id=1747894908129337242&wfr=spider&for=pc.

③ 博禾医生.阿斯利康全球研发中国中心正式开幕[EB/OL].[2025－03－22]. https://www.bohe.cn/news/view/43247.html

感结合有效的组织引导，会加速人才的知识更新速度，加大知识存量，提高集聚体的总体实力。学习与竞争联动效应有助于提高跨国公司研发中心内部科技人才队伍的整体素质，充分发挥科技人才的作用，最大限度体现科技人才的价值。

研发中心的科研人员属于知识技术型员工，这类员工通常对是否有机会发挥个人知识专长，是否有获得知识更新的机会非常重视。研发中心把高层次人才集聚在一起，使得组织成员在共同的生产和创新过程中能够互相启发、学习和交流，有助于激发人才个体乃至整个人才集群的积极性和创造力，研究开发出新的技术和成果，最大限度地实现高层次人才的价值。例如，阿斯利康全球研发中国中心为员工提供“内部兼职”的机会，鼓励员工自主参与自己感兴趣的项目和领域，旨在帮助员工突破边界，尝试不同角色。① 此外，阿斯利康为员工提供了各种专业课程并鼓励员工参加行业大会、外部培训，帮助他们在不断获取专业知识的同时也能及时了解行业最新动态。西门子医疗对员工培训的形式不同于传统的培训方式，即员工被动在固定时间段接受固定的培训课程，西门子医疗鼓励员工通过自我学习、自我驱动的方式来获得转型所需的知识储备。西门子医疗通过推出自主性的 My growth 职业发展平台和 My learning world 学习平台帮助员工准确分析自己所在岗位需要的知识技能，并为其提供上万种免费线上学习资源，将学习和成长的主动权还给员工。② 全球排名前 10 位的制药公司勃林格殷格翰已连续九年荣获“中国杰出雇主”认证，其一直致力于培养年轻人才。勃林格殷格翰为了招募高潜力年轻人才，面向精英毕业生推出了“管理培训生项目”，该项目为每一名管培生量身定制体系化轮岗计划，帮助管培生在 2 年时间里深入了解行业动态并挖掘、打造自身

---

① 中欧商业评论官方. 阿斯利康：人才先行，以中国研发力量引领全球创新[EB/OL]. [2025－03－22]. https://baijiahao.baidu.com/s?id=1737615229980524285&wfr=spider&for=pc.

② Siemens. Siemens Jobs & Careers[EB/OL]. [2025－03－22]. https://www.siemens.com/cn/zh/company/jobs.html.

的核心竞争力。①

此外,跨国公司研发中心内部高层次人才的集聚也必然会带来竞争。较强的竞争环境会给人才带来危机感,从而激发人才不断学习、终身学习的意识以及增强其创新意识,再通过有效的组织及引导进一步提高研发中心高层次人才的水平。例如,西门子医疗在竞争激励方面遵循"按劳付薪",将员工的部分工资与其业绩挂钩,薪酬水平与其价值创造相应,员工的业绩表现越突出,相应受奖励的机会就越多。② 除了激励制度外,西门子还推出了"红绿灯"奖惩制度,在该制度下管理层需要对各业务部门的业绩情况进行评估。绿灯业务代表业务达标,亮黄灯的业务需要在后期整改,亮红灯的业务则必须采取非常的措施和手段,甚至可能被裁撤。③ 通过奖惩兼备的人才激励计划,西门子实现了激励员工积极性的最初目标,这也是西门子可以在激烈的市场竞争中保持发展势头的重要原因。

4.3.2　外部集聚效应分析

1. 引致效应

引致效应是指当人才集聚达到一定规模时,科技人才和他们所创造的物质财富、精神财富会在集聚地形成引力中心,从而吸引更多的人才加入,创造出更多的物质财富和精神文明。

跨国公司研发中心为本土科技人才提供了学习国外先进技术和经验的机会。研发中心内部人才集聚产生的群体协作效应、学习竞争的联动效应等,也

---

① 勃林格殷格翰(中国)投资有限公司. 关于勃林格殷格翰管理培训生项目[EB/OL]. [2025－03－22]. http://campus.51job.com/BI/template/MTprogram.html.

② 应许视界. 人才激励这样做——从六维激励模型看西门子的全面人才激励[EB/OL]. [2025－03－22]. https://mp.weixin.qq.com/s/SO6Vpsxq_K6bhN1gq_jQBg.

③ 陈毅贤. 西门子的管理变革史[EB/OL]. [2025－03－22]. https://mp.weixin.qq.com/s/A95zkGjD23RY5j1wqHUw5Q.

会促使科技人才的专业知识不断更新，业务技术水平不断提高，个人价值得到最大限度的发挥。跨国公司研发中心科技人才的聚集以及人才队伍水平的提升，又会进一步促进跨国公司研发中心创新产出，形成创新高地。在市场机制的作用下，创新高地周围的优质创新要素会逐渐涌向各种创新主体与创新产业集聚的创新领先地区。截至 2022 年年底，在沪跨国公司地区总部达到 891 家，在沪跨国公司研发中心达到 531 家。[①] 在沪跨国公司研发中心的大规模设立与发展进一步促进了高科技人才在上海集聚。以全球药企 20 强的罗氏集团为例，2019 年，罗氏集团追加投资 8.63 亿元人民币，将罗氏研发中心升级为罗氏上海创新中心。[②] 罗氏上海创新中心聚焦于研究与开发免疫、炎症及抗感染疾病领域的创新型药品，研发团队覆盖从药物发现到早期开发的所有职能，吸引了大量国内外高科技人力资源的注入。截至 2021 年年底，罗氏上海创新中心已经拥有约 200 名研发人员，其中来自中国本土的科学家占比约为 95%。

2. 品牌效应

人才集聚的内在效应提高了组织的生产能力和创新能力，使人才集聚所在组织在相关领域内不断增强影响力，逐步树立起良好的“品牌”形象，从而在相关领域形成品牌效应，促进引致效应作用的进一步发挥。

人才集聚带来品牌效应的最典型的案例是美国硅谷。硅谷是全球科技创新型企业最密集的地区，也是全球风险投资产业最发达的地区。依托于斯坦福大学、加州大学伯克利分校等世界知名大学，集合了在此发展起来的惠普、苹果等高科技公司，硅谷成为美国高新技术的品牌，成为世界各国高科技聚集区的代名词，不断吸引全世界高科技人才、企业和资本流入。

---

① 新华社. 上海 2022 年实际使用外资规模创新纪录[EB/OL]. [2025－03－22]. https://m.gmw.cn/baijia/2023-02/06/36349407.html.

② 罗氏制药中国. 罗氏中国创新中心[EB/OL]. [2025－03－22]. https://www.roche.com.cn/innovation/innovation-center.

被誉为中国硅谷的张江科学城也发挥出了人才集聚的品牌效应。依托上海市政府的大力支持，张江高科技园区大力引进跨国公司研发总部，推动跨国公司研发中心融入自主创新体系、实现资源共享。截至 2015 年，罗氏制药、诺华等 20 多家跨国公司先后在张江设立了研发机构，并充分发挥自身的“溢出效应”，推动了区域创新发展，吸引了更多跨国公司研发中心落户。到 2022 年，张江高科技园区成立 30 年之际，此处已聚集了 2.3 万多家企业、1 800 家高新技术企业、179 家跨国公司研发中心、近 50 万名员工，从业人员年增长率超过 10％。① 依托于上海这一现代化国际大都市，张江科学城形成了极大的品牌效应，吸引了来自国内科研院所、高校的高质量人才，也加速了海外人才回流。

3.示范效应

人才集聚的内在效应提高了组织效率，能够在社会上树立榜样模范形象，成为其他组织效仿和学习的对象，发挥示范效应，有利于在整个社会范围内形成人才资源的合理流动秩序，提高人力资源的配置效率。有学者认为，示范效应是指跨国公司企业自身竞争力的提高，会使得该地区范围内的其他企业迫于生存发展压力而提高自己的竞争力，从而对先进跨国公司企业进行效仿的行为。②

近年来，罗氏、美敦力、辉瑞等跨国生物医药企业相继在上海设立研发中心或创新中心。跨国公司研发中心的设立，一方面能够加快将全球总部生产的、已经广泛用于全球临床治疗的产品引入中国市场，另一方面也能帮助跨国企业更好地了解中国患者的需求，设计适应中国市场的研发策略，并将根据中

① 上海华略智库.张江集团董事长：三十而立，张江“活力四射”[EB/OL].[2025－03－22].http://mp.weixin.qq.com/s?__biz＝MzIyODEzNjM4OQ＝＝&mid＝2652305216&idx＝3&sn＝e55fcc5fa8408f226cc175ae6aad7de3&chksm＝f23f3cb176be83821f8d4b0be508ddf0229490b18e0b799cb36636c327ff773bb7e911473afc＃rd.

② 白露，王向阳.FDI 技术溢出机理及对策研究[J].工业技术经济，2009，28(5)：110－111，114.

国患者的情况研制的创新药推向全球。随着在沪跨国公司研发中心的大规模设立与发展,新产品、新技术、新理念更多更快地传入上海,必然增强在沪跨国公司研发中心对上海本土企业的示范效应,从而将更先进的技术和人才培养观念、模式等带进本土企业的人才培养体系,间接帮助本土企业培养高级人才,提高人才素质。

此外,跨国公司研发中心致力于最先进领域的研发,拥有良好的工作环境和工资福利,并为本土科研人员参与全球合作研究提供了更多机会,能够有效弥补本土科研人员缺乏国际经验的问题。然而,跨国公司研发中心的各方面优势也会促使科技人才从本土企业及科研机构流向跨国公司研发中心,导致本土企业出现人才流失及人才结构失衡问题。在沪跨国公司研发中心与上海本土企业、科研机构在人才要素上的激励竞争,可以刺激本土企业加强对人才的重视、提高对研发人员的投入、优化高科技人才培养和管理体制。表 4—1 对在沪跨国公司研发中心的人才集聚效应进行了罗列。

表 4—1　　在沪跨国公司研发中心的人才集聚效应

	类别	定义	举例
内部人才集聚效应	协作效应	人才聚集既可以让人才从事自身最擅长的领域从而实现个体的专业化发展,又可以通过群体内部的整合机制实现不同个体之间知识和技术的优势互补	阿斯利康全球研发中国中心现有 150 多个产品管线有各自明确的分工,同时中心倡导各团队之间相互协作加快新药研发速度
	学习、竞争的联动效应	人才聚集既可以促使组织成员在生产和创新过程中彼此学习、相互交流,又可以激发组织成员之间的竞争意识,提升人才的学习欲望和创新意识	阿斯利康全球研发中国中心为员工提供“内部兼职”及各种内、外部培训的机会; 勃林格殷格翰推出“管理培训生项目”; 西门子医疗通过推出自主性学习平台促进员工自主学习,同时将员工的部分工资与其业绩挂钩并推行“红绿灯”奖惩制度,从而提高员工的积极性

续表

	类别	定义	举例
外部人才集聚效应	引致效应	人才聚集有助于形成创新高地，进而促进创新高地周围的优质创新要素涌入该地区	罗氏上海创新中心约95%的科研人员来自上海本土
	品牌效应	人才集聚所在地在相关领域内影响力增强，逐步树立起良好的“品牌”形象，从而在相关领域形成品牌效应，促进引致效应的发挥	张江科学城汇集的跨国公司研发中心数量及从业人员数量不断提高
	示范效应	一方面跨国公司研发中心能够在社会上树立榜样模范形象，成为其他组织效仿和学习的对象；另一方面跨国公司研发中心与本土间的人才竞争可以刺激本土企业加强对技术人才的培养	

4.4　在沪跨国公司研发中心与本土研发组织的互动机制

受逆全球化、国际地缘政治、全球疫情冲击等因素影响，跨国公司正逐渐从在企业内部封闭体系内开展创新活动的“内源式创新”转变为跨国将自身创新资源与组织外部创新资源相结合的“外源式创新”，由自成一体的“封闭式创新”转变为以更加开放、合作的心态和形态与本土创新主体合作的“开放式创新”。跨国公司在沪组织形态正由单一研发中心向创新中心、孵化器、研发平台等形式转变。国际创新资源和本土研发资源相互借鉴和融合，能够在人力资本培育、研发创新等多个维度带来创新溢出效应，有利于提高上海整体的人力资源配置效率和创新水平，从而推进上海科创生态体系的建设。跨国公司研发中心的溢出效应包括直接和间接溢出两个方面。

4.4.1 直接溢出效应分析

在沪跨国公司研发中心的直接溢出效应主要体现在对人才进行培育。高素质人才作为影响科技创新最活跃的因素,在科创中心的建设过程中发挥重要作用。跨国公司研发中心的设立和发展对上海培育优质人力资本具有积极作用。

1.吸纳研发人员增强本土人才储备

在沪跨国公司研发机构的设立及相关研发人员的配置,可以吸引补充当地研发人员,缓解上海对技术型人才的需求压力,跨国公司企业会利用本土化战略吸引东道国专业人才。[①] 以跨国生物医药企业阿斯利康为例,阿斯利康在沪研发中心的成立促使其研发人才队伍不断壮大。自 2021 年阿斯利康全球研发中国中心正式运行以来,不仅吸引了来自科研院所、医学高校的高质量人才,也加速了海外人才回流,为研发中心的医药创新业务提供了丰富的人力储备。阿斯利康全球高级副总裁、全球研发中国中心总裁何静博士在接受采访时表示:“截至 2021 年年底,阿斯利康全球研发中国中心的在华研发人员数量超过 700 人,其中 62%的员工拥有硕士及以上学历,28%的员工拥有海外学习或工作经历。”[②]此外,她当时预计随着阿斯利康在华研发投入的不断加大,在 2023 年底阿斯利康全球研发中国中心的在华研发人员数量将增长至 800 多人。[③]

2.通过员工培训提高本土人才整体素质

在沪跨国公司研发中心通过对本土员工进行培训,可以提高科技创新领

① 邱士雷,王子龙,杨琬琨,等.高技术产业创新能力的空间集聚效应分析[J].研究与发展管理,2018,30(6):128—137.

② E药经理人.从1到10,阿斯利康未来研发布局靠什么?[EB/OL].[2025—03—22].https://mp.weixin.qq.com/s/osAIro4-yt2DsCeKGCfb6A.

③ 中国商务新闻网.外企研发布局中国 看中的不仅仅是市场[EB/OL].[2025—03—22].https://mp.weixin.qq.com/s/M-e6wMJJKTQThSvYic9jXQ.

域人才成长速度。一方面，在跨国公司研发中心服务的本土科技人员可以近距离、充分地学习外国先进知识和先进技术，学习跨国公司全球范围内知识管理和创新管理的经验和方法，从而提高本土员工的整体素质。另一方面，跨国公司，尤其是跨国公司的研发中心，非常重视员工的培养培训。他们往往具有一套完善的高水平技术人才培养机制，员工可以在科研开发、创新管理过程中获得学习经验。

对于生物医药企业来说，企业研发创新高度依赖于研发人才的专业知识以及创新能力，因此良好的研发人才培育计划的制定对于企业非常重要。各家药企跨国公司研发中心都有独特的人才培养计划。辉瑞（中国）研究开发有限公司总经理陈朝华表示，辉瑞研发中心非常关注本土人才的培养，研发中心把人才划分为科学类人才、技术类人才、管理类人才三大类，并分别根据不同类别人才的成长需求为其提供在成长过程中所需要的成长资源。① 阿斯利康中国能够连续多年在中国强势发展，也得益于其制定的清晰的本土研发人才发展与培养计划。首先，阿斯利康全球研发中国中心为员工提供了各类促进能力发展的项目以及内容轮岗的机会，鼓励员工参与自己感兴趣的项目和领域。其次，研发中心为员工提供了多个参与甚至领导全球研发项目的机会。最后，在研发人才职业发展上，阿斯利康针对有志于专注研发的人才，着力打造专家型职业发展路径，并在职位、级别和待遇上对标管理岗位，充分体现了对专业知识和技能的重视。② 在沪跨国公司研发中心对本土员工的重视不仅极大地缩小了上海本土人才与国际先进人才的差距，而且锻炼和培养了大量具有国际化视野和国际竞争力的中高级人才。

---

① 新华网上海频道. 陈朝华：跨国药企中国研发中心正加速中国与全球同步研发进程[EB/OL].[2025−03−22]. http://sh.xinhuanet.com/ft/2021/524/index.htm.

② 中欧商业评论. 阿斯利康：人才先行，以中国研发力量引领全球创新[EB/OL].[2025−03−22]. https://mp.weixin.qq.com/s/NAlfJmW-z0TGpBYAUvKCLQ.

4.4.2 间接溢出路径分析

跨国公司研发中心的间接溢出效应主要是提升东道国地区科技创新体系的整体效能,表现为跨国公司研发中心与上海高校、科研院所和本土企业等合作,推动这些主体与国际优秀跨国公司之间的互动交流,进而传播先进的技术以及实践和管理经验。

1. 正式的间接溢出路径分析

正式的知识溢出形式主要包括企业间的交流合作与培训、公共机构对人才的培训和技术知识的输出、信息传播媒介等。跨国公司研发中心与本土企业创新互动过程中的正式知识溢出途径大致可以分为商业创新合作与产学研合作。

其一,商业创新合作。

上海有大量为国内外企业提供药物研发外包服务的企业,这些企业成为吸引跨国生物医药企业设立创新合作中心的主要推动力。大型药企早期的业务相对比较单一,可能仅专注于某一领域的新药研发或专利药物生产。但随着业务范围的扩大以及产业链分工的完善,大型药企开始将部分运营效率较低的业务环节外包或出售。此时,本土 CRO 企业(合同研发机构)、CMO(合同生产机构)、CDMO 企业(合同研发生产机构)把握住了产业链分工精细化的行业趋势,利用大型医药企业降低成本、外包研发的需求,与跨国药企建立密切的合作关系。在过去的十多年,多家跨国药企已与中国药企建立了密切的合作关系。药明康德就是一家通过为跨国制药企业提供定制的医药生产研发外包服务(CRO 业务)起家的生物医药企业。2015 年,礼来宣布与药明康德合作,共同致力于在中国开发、生产及注册一种新型小分子药物。药明康德负责该药物在中国的注册、开发及生产事务,礼来负责该药物的营销事务,双方共同投资生产这一潜在创新药。① 2020 年 6 月，罗氏制药与本土企业信达生物达成战略合作，采用全新技术合作模式合作研究、临床开发和商业化多个相关产品。此次合作有助于信达生物借助罗氏制药全球领先的技术平台，使其一举站在全球创新前沿，为全球患者提供更多有效的创新疗法。② 2020 年 8 月，德国拜耳宣布与华领医药开展战略合作，双方共同推动新型糖尿病治疗药物多扎格列艾汀在中国的商业化进程。华领医药作为药品上市许可持有人负责该药物在中国的注册、开发、生产及分销事务，拜耳负责该药物的营销、推广事务。这种商业合作模式不仅能使合作双方共享成本、共担风险，还能帮助合作双方更快地进入新市场和获取新技术和技能，有助于提升上海本土科技创新体系的整体水平。

除了将部分业务环节外包，部分跨国药企还致力于孵化本土初创企业，与上海本土企业合作开展人才培养项目。例如，强生中国联合上海本土的初创企业深化创新人才培养。2020 年，强生推出全球人才培养项目"EXPAND"，15 名来自强生的员工被安排在强生亚太创新中心和 JLABS@上海合作的初创公司兼职 6 个月，拓展双方创新交流。此举意在着力培养一批具有创新精神的领导者。③ 2021 年，美敦力医疗创新加速器与上海本土企业莱诺医疗签署战略合作协议。莱诺医疗入驻美敦力医疗创新加速器后，双方将携手提高本土在耳鼻喉科诊疗器械方面的研发力量，致力为国内患者提供优质临床服务，推动中国医疗科技水平的提升。④ 罗氏中国的研发活动也在 2021 年由自

① 药品资讯网. 药明康德与礼来制药合作开发、生产及商业化一种新型小分子药物[EB/OL]. [2025－03－22]. https://www.chemdrug.com/news/232/9/44220.html.

② 苏州市工业和信息化局. 信达生物与罗氏制药达成战略合作[EB/OL]. [2025－03－22]. http://gxj.suzhou.gov.cn/szeic/xfpgy/202007/2d216d5f3c3b4098a9a03a7c285f93bf.shtml.

③ 美通社 PR-Newswire. 扎根中国市场 聚力人才发展——强生中国再次荣获多项雇主品牌大奖[EB/OL]. [2025－03－22]. https://www.prnasia.com/story/283211-1.shtml.

④ 读创. 医械耳鼻喉科细分赛道受关注 业内人士：处于早期但潜力巨大[EB/OL]. [2025－03－22]. https://baijiahao.baidu.com/s?id=1703264678081020798&wfr=spider&for=pc.

主研发向孵化本土创新转变，其投资近3亿元人民币建立了“罗氏中国加速器”。[①] 罗氏中国加速器依托罗氏商业化的全链条资源及强大的科研实力，携手合作伙伴，为本土初创企业提供从场地、科学指导到资金与运营的全方位支持，分享企业先进的管理经验，为本土企业了解和学习国外的管理和创新技术、经验，为深化人才的培育创造了良好的条件。[②]

其二，产学研合作。

在与上海高校、科研院所合作开展人才培养项目方面，多家在沪跨国公司研发中心均选择了复旦大学、同济大学、上海交通大学等知名院校作为合作对象。辉瑞中国研发中心与包括复旦大学、上海交通大学、中科院上海生物化学与细胞生物学研究所等在内的国内一流的学术机构合作，开展临床研究、药物经济学和人员培训等方面的合作项目，不断推进中国研究与创新药物以及国际化人才培养方面的发展进步。2015年11月2日，辉瑞中国研发中心与上海交大一耶鲁联合生物统计中心签署了合作意向备忘录。双方将携手开展生物医药研究领域的教学和科研合作，实现企业、高校、科研机构之间的资源共享，促进人才培养和产学研结合，推动相关研发项目的突破发展。[③] 2020年1月，辉瑞中国研发中心与复旦大学联合开展药物经济学人才系列培训项目，旨在加强对药物经济学领域的人才培养、知识传播和相关政策研讨，加快药物经济学领域的发展。[④] 2022年，强生创新孵化平台（JLABS）、默克中国创新中心、勃林格殷格翰中国联合中欧国际工商学院推出“创新中国2022”大赛，向

① 人民资讯.罗氏中国加速器：赋能初创医疗企业 加速科研转化[EB/OL].[2025－03－22]. https://baijiahao.baidu.com/s?id=1749183001796314888&wfr=spider&for=pc.

② 罗氏制药中国.罗氏中国加速器[EB/OL].[2025－03－22]. https://www.roche.com.cn/innovation/roche-accelerator/.

③ 中国生物技术信息网.辉瑞与上海交大-耶鲁联合生物统计中心签署合作备忘录[EB/OL].[2025－03－22]. http://www.biotech.org.cn/information/137342.

④ 药品资讯网.辉瑞携手复旦大学培养中国药物经济学人才[EB/OL].[2025－03－22]. https://www.chemdrug.com/news/230/4/17857.html.

全球顶尖学院就读硕士及以上课程的海内外学生提供包括讲座、路演、论坛、辅导在内的商业孵化机遇，旨在为全球创新人才提供创新孵化支持，加速促进“根植中国、面向全球”的创新研究解决方案。① 跨国公司研发中心与高校合作的模式不仅能够加快创新知识的交流与互动，更有助于为相关领域提供优质储备人才。

2.非正式的间接溢出路径分析

非正式沟通是人才聚集区域内知识溢出，特别是隐性知识溢出的重要途径。在沪跨国公司研发中心雇用了大量我国本土的研发人员，而这些研发人员与其他本土企业的员工之间往往存在各种非正式的网络关系。这些非正式的网络关系可以促进知识在不同组织间的转移。

(1)通过人员流动提升本土企业的研发能力

在沪跨国公司研发中心的研发人员在向上海本土企业流动的过程中会促进知识的扩散，有助于提升本土企业的研发能力。海归人员在跨国公司研发机构中的工作经历能够提升其研究能力，进而在人员外流的过程中实现本土企业研发能力的提升。② 当跨国公司的研发人员回流到本土企业、科研机构或在上海自主创业、成立高新技术企业时，会带来其在跨国公司学习到的先进技术和管理经验，从而提高本土的创新能力和管理能力。例如，2011 年，原罗氏中国研发中心的首席科学家陈力离职后自己在张江创立了华领医药技术(上海)有限公司，继续在葡萄糖激酶激活剂领域深耕，并于 2018 年成功带领华领医药在香港上市。③ 2014 年，辉瑞跨国公司研发中心高端人才杜莹离职创办的再鼎医药公司在上海张江成立，公司致力于研发癌症、自体免疫及感染

---

① 中欧国际工商学院.“创新中国 2022”大赛已开放注册——敬请全球高校全职硕士/博士加入[EB/OL].[2025-03-22]. https://weibo.com/ttarticle/p/show?id=2309404804192467550610.

② 李平，许家云.金融市场发展、海归与技术扩散:基于中国海归创办新企业视角的分析[J].南开管理评论，2011,14(2):150-160.

③ 浦东国际人才港.华领医药陈力:扎根张江，做中国新药创制领军者[EB/OL].[2025-03-22]. https://www.pd-italent.com/Article/202107/202107210001.shtml.

性疾病领域的创新药物，并于 2017 年在美国纳斯达克成功上市。① 臧敬五博士曾任 GSK 高级副总裁、GSK 中国研发中心总裁，曾主持组建 GSK 中国研发中心并负责公司神经系统创新药物的全程研发，他于 2013 年离开 GSK 并加入先声药业，任先声药业首席科学官，同时负责创新药物项目的评估、研发、投资等工作。2016 年，臧敬五创建创新药研发企业天境生物。② 2017 年，葛兰素史克(GSK)张江神经科学研究中心关闭后，大批神经疾病领域研究人员流入上海本土医药企业。曾在跨国公司研发中心工作的训练有素而富有经验的技术和管理人员通过受聘到本土企业或自己创办新的企业，可以使技术扩散到其他企业，最终极大地促进上海本土企业的发展。

(2)通过人才间的个人关系网络加速知识溢出

在沪跨国公司研发中心和本土企业研发人员之间的个人关系网络可以有效扩大不同企业人才间非正式交流的范围和程度，从而为本土企业人才学习跨国公司研发中心的技术、知识和商业经验提供个人交流机会，加速先进技术和知识的外溢。双方的研发人员可以在跨国药企举办的行业会议、路演等活动现场面对面交流，通过直接的交流和互动传播原本难以用文字表述的技能、技巧、经验和诀窍，并可能在其中获得新想法。2022 年 6 月 29—30 日，阿斯利康全球研发中国中心在上海举办了“阿斯利康中国研发日”活动，来自中国科研院所、临床研究中心以及中国创新企业的顶级院士、专家、学者及行业精英集聚，针对医学人才培养、国际研究合作的现状与展望等话题进行了交流和探讨。③ 这次活动为中国科研院所及创新公司等拓宽全球视野、进一步了解

① 新耀俱乐部管理(苏州)有限公司. 杜莹，再鼎医药(上海)有限公司，创始人/CEO [EB/OL]. [2025－03－22]. http://www.ndfclub.com/prod_view.aspx? id＝901&nid＝3&IsActiveTarget＝True.

② 张江高新区科技通讯社. 盘点“GSK 系”人才创业版图[EB/OL]. [2025－03－22]. http://www.360doc.com/content/21/0205/22/56526713_960910930.shtml.

③ 医药魔方. 国际顶级科学家对话平台 首届“阿斯利康中国研发日”成功举办[EB/OL]. [2025－03－22]. https://www.163.com/dy/article/HBGE0IHB0534Q32Z.html.

全球医药研发前沿科学提供了良好的平台。2023 年 2 月 15 日下午，由上海市科学技术委员会指导的“走进跨国公司研发机构系列活动(西门子医疗上海创新中心专场)”在上海成功举办。活动现场西门子医疗上海创新中心负责人向观众介绍了设备设施功能及应用场景等情况，为各类本土科技企业、创新创业团队与行业领军企业家、学术或技术专家提供了直面交流的机会。这次活动的举办不仅帮助本土研发人员近距离学习了知名跨国药企在沪研发中心的管理经验和先进技术，也为促进本土企业与跨国公司研发中心的合作搭建了沟通平台。除了面对面的交流之外，流入跨国公司研发中心后的本土研发人员往往会与原来的同事保持联系，他们可能通过视频、电话、电子邮件等工具交流。这种跨国公司与本土双方人才之间稳定、可靠的关系网络圈，可以促使人才之间接触和交流，加速人才个体所拥有的经验、诀窍、灵感等隐性知识的外溢。这有助于增加双方研发人员的知识存量，激发他们的创新能力，从而促进上海本土人才队伍整体素质的提升。表 4－2 列示了在沪跨国公司研发中心的溢出效应。

表 4－2　　在沪跨国公司研发中心的溢出效应

	类别	举例
直接溢出效应	吸纳研发人员增强本土人才储备	阿斯利康全球研发中国中心正式运行以来，不仅吸引了来自科研院所、医学高校的高质量人才，也加速了海外人才回流
	通过员工培训提高本土人才整体素质	辉瑞研发中心将人才分类并根据不同类别人才的成长需求为其提供在成长过程中所需要的成长资源； 阿斯利康全球研发中国中心为员工提供各类培训课程及参与全球研发项目的机会，为科研人员打造专家型职业发展路径

续表

	类别	举例
间接溢出效应	商业创新合作	礼来与药明康德合作,共同致力于在中国开发、生产及注册一种新型小分子药物; 拜耳与华领医药开展战略合作,双方共同推动新型糖尿病治疗药物多扎格列艾汀在中国的商业化进程; 罗氏中国加速器为本土初创企业提供从场地、科学指导到资金与运营的全方位支持
	产学研合作	辉瑞中国研发中心与上海交大—耶鲁联合生物统计中心携手开展生物医药研究领域的教学和科研合作; 辉瑞中国研发中心与复旦大学联合开展药物经济学人才系列培训项目; 强生创新孵化平台(JLABS)、默克中国创新中心、勃林格殷格翰中国联合中欧国际工商学院推出"创新中国 2022"大赛
	通过人员流动提升本土企业的研发能力	原罗氏中国研发中心首席科学家陈力离职后自己在张江创立了华领医药技术(上海)有限公司; 原辉瑞跨国公司研发中心高端人才杜莹离职后在张江创办再鼎医药公司; 原葛兰素史克(GSK)中国研发中心总裁臧敬五离职后加入本土企业先声药业,后又自己创建创新药研发企业天境生物
	通过人才间的个人关系网络加速知识溢出	"阿斯利康中国研发日"活动汇集了各类医药行业专家,面对面交流的方式为中国科研院所及创新公司等拓宽全球视野提供了良好的机会; "走进跨国公司研发机构系列活动(西门子医疗上海创新中心专场)"为促进本土企业与跨国公司研发中心的合作搭建了沟通平台; 流入跨国公司研发中心后的本土研发人员与原来的同事通过视频、电话、电子邮件等工具进行交流,加速人才个体拥有的经验、诀窍、灵感等隐性知识外溢

4.5　本章小结

在上海卓越城市建设和"十四五规划"的背景下,本章研究了在沪跨国公司研发中心发展现状及人才配置效应。首先,通过分析在沪跨国公司研发中心发展现状及趋势,总结跨国公司研发中心发展现状,以及创新战略、研发模式上的变化,发现在沪跨国公司研发中心呈现开放式创新协同发展趋势。其次，基于人才集聚的角度，分析上海科技人才集聚的现状、影响因素和人员流动趋势，为进一步优化上海引才环境、促进在沪跨国公司研发中心提升人才资源吸引力提供相关参考。再次，从内部和外部两个方面分析在沪跨国公司研发中心如何发挥集聚效应吸引人才，发现在沪跨国公司研发中心的人才聚集不仅可以通过协作效应、学习竞争联动效应带来人才个体能力增加达到效益倍增，还可以通过引致效应、品牌效应和示范效应给上海这一人才聚集地带来正外部性，从而进一步促进人才的聚集。最后，从在沪跨国公司研发中心的直接溢出效应和间接溢出效应两个角度总结了其与本土研发组织的互动机制，发现在沪跨国公司研发中心不仅可以通过吸纳研发人员以及对员工培训直接提高本土人才整体素质，还可以通过商业创新合作、产学研合作、人才流动以及员工的个人关系网络间接促进知识的溢出。

5　促进在沪跨国公司研发中心提升人才创新要素配置能力的对策建议

5.1　进一步鼓励跨国公司研发中心“走进来、留下去、可持续发展”的对策建议

5.1.1　放宽跨国公司研发中心认定标准，吸引优质研发机构落沪

为促进跨国公司研发中心在上海落户、保留和发展，政府通常会在跨国公司研发中心引入上给予一定程度的政策支持。例如，上海市政府在原有“跨国公司研发中心”的认定标准上增加了对“全球研发中心”和“跨国公司开放式创新平台”的认定，达到认定条件的组织就能享受到相应的跨境研发通关、跨境金融服务、培训补贴优惠措施。此外，为进一步吸引跨国公司在沪设立研发机构，上海市政府可以放宽对在沪跨国公司研发中心的认定标准，满足在沪研发中心升级为创新中心的需求，在进出口准入、外汇管制等方面建立“绿色通道”等。

5.1.2　保护跨国公司研发中心知识产权，优化知识产权环境

跨国公司研发中心对东道国知识产权保护力度较为敏感。由于中国对知识产权的保护力度仍然没有达到跨国公司期待的水平，随着跨国公司逐步调整全球研发格局，其中国研发中心被裁撤的可能性增大。为促进跨国公司研发中心在上海落户、保留和发展，上海市政府应不断加强对知识产权的保护力度。一方面，上海应不断完善知识产权保护相关规定，着力努力缩小与国际领先知识产权新规的差距。另一方面，上海应加强知识产权执法力度，建立稳定的执法队伍和执法机构，形成统一的执法标准，为跨国公司研发中心提供集专利快速审查、快速确权、快速维权于一体的一站式综合服务。

5.1.3　简化人才来沪工作手续，优化人才生活环境

人才是企业发展的必要资源之一，让更多优秀人才来得了、待得住、用得好，有利于在沪跨国公司研发中心的蓬勃发展。一方面，为了吸引更多优秀科研人员流入上海，政府应不断优化人才引进政策，并着力为外来人才提供生活保障，解决其后顾之忧。例如简化外籍高层次人才居留证件、来沪工作许可证等证件的办理程序，延长外籍人才多次往返签证有效期限，放宽优秀人才落户条件，妥善解决各类人才居住、就医、子女入学等现实问题，为外籍、海归高层次人才的个人所得税缴纳提供税收优惠政策等。另一方面，上海市政府也要积极主动培育具有国际能力的高科技人才，合理构建健全有效的人才市场，为在沪跨国公司研发中心提供人力资源。如推行双语教学政策，提高人才国际化水平，定向培养高科技技术人才，为青年人才提供青年人才项目和补贴等，以期为跨国公司研发中心的发展提供高层次人才储备，推动跨国公司研发中心在上海的可持续发展。

5.1.4 着力优化研发环境，鼓励中外创新主体合作

为推动在沪跨国公司研发中心“引得进”“留得住”和“发展好”，上海市政府应着力优化跨国公司研发中心的研发环境。一方面，政府应满足跨国公司企业的核心诉求，着力优化其研发环境，为跨国公司研发中心提供和本土企业平等的政策激励，深入了解不同规模和行业的跨国公司研发中心的独特困难，加大精准施策、因企施策力度，通过提高政策执行的准确性有效帮助跨国公司解决难题、减轻政策负担。另一方面，政府应鼓励中外创新主体合作。例如，降低跨国公司研发中心参与承担国家科技计划项目、重大研发项目的准入门槛，引导各类中小企业参与或承接跨国公司的部分研发环节，推动跨国公司研发机构与本土机构组建国际研发联盟和联合研究机构，多措并举促进跨国公司研发机构深度嵌入本地科技创新体系。上海市通过提升本土科技体系对跨国公司研发中心的包容度与友好度，为在沪跨国公司研发中心的可持续发展奠定良好基础。

5.2 进一步促进本土组织参与跨国公司研发的对策建议

5.2.1 推动产权信息共享，保护本土研发成果

上海市本土组织参与跨国公司研发时，既要保护跨国公司的知识产权，也要保护本土组织的无形资产与研发成果。首先，政府可以通过制定政策措施，保护跨国公司研发机构与本土组织共享合作所取得的科技成果等知识产权，统筹协调，推动双方之间的信息共享。其次，在沪跨国公司研发中心形成的研发平台往往能够吸引更多更优秀的国际人才和要素集聚，通过吸收跨国公司研发中心的研究型人才和管理型人才，本土组织可以加强资源共享。最后，政

府需要加强我国的知识产权全链条保护，建立健全知识产权预警模式，针对本土组织参与跨国公司研发时出现的知识产权问题和案例加强研究和指导，提出具有操作性的管理办法，形成本土组织参与跨国公司研发的政策基础。

5.2.2 构建新型研发模式，挖掘本土创新资源

构建在沪跨国公司研发中心与本土企业、高校和科研院所等本土组织的协同创新模式，这有利于充分挖掘国内外各创新主体的资源优势，实现双向知识溢出。一方面，上海本土组织要正视跨国公司对本土研发的促进作用，积极构建开放创新的研发新模式，支持跨国公司在沪设立开放式创新平台。开放式创新平台可以使本土组织与跨国公司企业的交流合作渠道更加顺畅，在跨国公司企业创新投入带来技术溢出和知识溢出的影响下，本土组织可以有效吸收跨国公司的研发资源和科技优势，提升本土组织自身的科技实力，增加本土创新资源，推动本地企业加速研发与创新，缩小本土研发资本与跨国公司研发资本之间的技术差距。另一方面，上海本土企业应当加强培养自主创新意识，加大研发资金投入力度，提升自主研发能力，积极与跨国公司合作交流，坚持生产与技术创新，进一步完善和拓展本地化能力，打造领先的本土技术和解决方案，助力自身研发创新。政府要及时追踪和捕捉本土组织在利用跨国公司研发上的优势，在此基础上实现双方的优势互补，以海内外战略联盟的形式增强本土组织参与跨国公司研发过程中的话语权。

5.2.3 实施监测创新绩效，扶持本土研发项目

目前，上海科技政策存在供需不平衡的问题，偏向于扶持跨国公司创新，对本土创新缺乏政策支持。对本土创新政策的完善主要体现在以下两个方面：第一，市场监管机构等主体可以在跨国公司研发机构中建立本地绩效监测体系，重点应考察跨国公司与本土机构合作开展的研发项目及科技成果，依据

本土创新绩效评估,对跨国公司进行资助和扶持,促进跨国公司在本土开展技术人才培训、组织管理技能培训等项目,增加本土组织的参与深度。第二,建立健全市场中介组织体系,维护好在沪市场竞争中公平公正的秩序,给予重视研发的本土组织一定的鼓励措施,减少因本土创新政策扶持力度不足而带来的市场创新绩效下行的情况。国家和地方重点实验室、研究中心资源可以进一步向本土组织倾斜,支持本土组织开展技术研究、加强创新管理能力建设,变跨国公司为本土组织技术积累与创新突破的蓄水池,增强本土组织的资源整合能力。

5.2.4 制定本土研发计划,激发市场创新活力

目前,在沪跨国公司研发中心拥有高端技术和新兴技术,是创新过程的主导者,本土组织往往只是执行者和研发服务者。如果这种局面一直持续下去,本土组织参与跨国公司研发的意愿将会降低。为避免这一情况的出现,政府应在国家战略层面上,制定本土研发计划,重视培养本土组织体系建设和研发能力。首先,上海政府可以发挥跨国公司嵌入的公共服务功能,鼓励跨国公司研发机构对本土企业和机构提供信息、技术指导、技术孵化、仪器设备、咨询服务等市场化的公共服务,并通过设立专项基金或合作津贴,鼓励本土企业、高校和科研院所等本土组织与跨国公司研发机构合作,强化本土组织的创新主体地位,增加本土组织参与跨国公司研发、积极融入研发全球化的意愿,在微观层面激发本土市场活力。其次,上海科技部门等相关主体需要对跨国公司企业进行定期审查,动态跟踪在沪跨国公司投资情况,建立投资审查制度,充分利用《反垄断法》及相关有效措施,重点关注技术密集型跨国公司以及具有完整价值链、对上下游产业链有巨大影响力的跨国公司,防止出现跨国公司依靠资本和知识产权优势形成垄断地位,阻碍本土组织参与跨国公司研发的情况。

5.3 促进在沪跨国公司研发中心提升人才创新要素配置能力的对策建议

5.3.1 强化内部学习与良性竞争，提升内部知识和信息的交互融合作用

人才是最重要的创新资源之一。人才与人才之间在通用知识体系等方面存在相似之处，但在专业知识体系和个体处事体系等方面具有一定的差异性，因此人才群体间的集聚和合作不仅能够抵消相似性带来的冗余成本，还能通过差异化的思维方式等形成人力资本间的互补性，激发集群的生产力和创造力，从而实现规模效应递增的作用。在沪研发中心在鼓励研发人员在各自专业领域深耕的同时，应促进内部研发团队之间横向的交流与合作，集思广益，在学习中激发创新思维和活力，提高生产和创新效率。例如，阿斯利康利用横向搭建虚拟组织，推动各个研发团队合作，实现了公司策略的落实以及成果高效率的产出。与此同时，跨国公司研发中心还可以积极实施激励制度，建立员工培养计划、晋升考核制度等，激发内部员工之间的良性竞争，以此提高研发中心的生产效率和创新效率。其次，与高校、科研院所等事业单位相比，跨国公司研发中心除了要在研发创新方面发挥“顶天”的作用，还要在研发成果向市场转化方面实现“立地”的目标，因此在沪研发中心还应鼓励研发人员与研发外人员（如管理人员）交流与沟通，借助这类人员与市场需求形成交互，提升人才市场化配置能力。此外，在沪研发中心应积极推动研发中心与跨国公司总部以及全球其他地区研发中心之间的桥梁作用，定期组织人才前往总部和研发中心学习交流的同时吸引和集聚优秀人才加入，促进人力资本的升级与优化。

5.3.2 扩大产业和实践交流规模,建立人才吸引的竞争力

在沪跨国公司研发中心主要通过引致效应、品牌效应以及示范效应实现人才集聚的外部经济性,因此在沪跨国公司研发中心首先可以在已有产业链的基础上扩大研发以及前沿技术和高端人才的投资规模,提高跨国公司研发中心的研发创新能力,以实打实的科技成果和经济效益促进人才的集聚,在改善自身人才配置能力的同时提升本土人力资本水平。其次,在沪研发中心应致力于通过孵化培养、研发创新创业大赛等方式加强同本土研发组织或本土科创团队的合作。在与跨国公司研发中心以及创新实践基地等平台的实践交流中,本土人才或科研团队体验到在沪研发中心先进的专业设备和仪器、优越的研发能力以及优良的工作场所和环境,会进一步促使其留在跨国公司研发中心,进而增强在沪研发中心人才优势。

5.3.3 加强同创新主体的互动,促进人才资源集聚的同时实现知识溢出

在沪研发中心还可通过对接政府、高校、科研院所以及本土企业等创新主体,获得创新优势,增强人才集聚的竞争力。政府部门可以为跨国公司研发中心提供政策扶持、资金补贴优惠,高校可以为跨国公司研发中心输送创新思维和人才,科研机构可以协助跨国公司研发中心突破技术瓶颈,本土企业可以为跨国公司研发中心提供实时的市场需求,在合作过程中在沪跨国公司研发中心能够及时获得创新资源、洞察创新前沿和最新的市场需求,从而在技术研发方面取得竞争优势,进而促进人才的进一步集聚。同时,高校、科研院所及本土企业在合作过程中也能够借助跨国公司研发中心先进的技术设备和研发能力实现知识溢出效应,进一步优化本土人才结构水平。

5.3.4 构建长三角高端研发创新生态圈,加速创新圈内外人才创新要素的流动

为进一步促进跨国公司研发中心对海内外高素质人才的吸引力,政府应鼓励在沪研发中心在江苏、浙江等长三角地区设立在沪跨国公司研发中心分部,通过促进本土企业与研发中心分部的协同合作,形成长三角高端研发创新发展的生态圈。在创新生态圈中,研发人才借助软硬件设施和专业设备,通过分部间以及分部与总部之间的信息和知识技术共享等,不断推陈出新,实现研发创新活动的优化和调整,进而带动整个长三角地区专业研发领域的共同发展,从而吸引来自全球以及长三角地区以外的优秀人才集聚。同时,长三角地区经济发展环境和水平较高,能够为跨国公司研发中心提供物质保障和资金支持,为开展创新活动提供更多的创新资源,加速创新圈内知识和技术的流动,从而助力在沪跨国公司研发中心不断调整和优化人才资源和结构。

下篇

跨国公司创新组织形态转变

6 跨国公司研发模式与组织形态文献综述

6.1 跨国公司研发模式相关综述

6.1.1 封闭式创新或内源式创新

在研究创新活动的早期阶段，企业通常认为内部研发是对公司非常有价值的战略资产，对于创新活动的定义大多基于“控制”的理念，并认为应该严格把创新活动控制在企业边界内。有学者将其定义为“封闭式创新”（Closed Innovation）。[①] 由于该类创新在企业内部封闭的体系内开展研发[②]，也有文献将该模式称为内源式创新（Endogenous Innovation）。

---

① Chesbrough H. Open Innovation：The New Imperative for Creating and Profiting from Technology[M]. Harvard Business School Press，2003：21－41.

② 上海发展改革. 在沪跨国公司研发中心调研研究[EB/OL].[2025－03－22]. https://sgh-services.shobserver.com/html/baijiahao/2020/06/17/207934.html.

在全球化的早期，由于东道国知识产权、技术、人力资本等禀赋资源尚处在低位，出于自身成本收益和对知识产权保护的考量，跨国公司通常采取封闭式创新的战略决策。自20世纪上半期到20世纪末，主导跨国公司的创新模式基本上是封闭式创新。这种创新模式把对知识资源的控制视为核心，认为在企业自身科研机构以外的范围都是技术荒原，因此必须对企业自主研发的技术实施严格的保护，并以此建立一道坚固的技术屏障以维持企业的竞争力。在此模式下，跨国公司更倾向于将研发投入集中在公司内部（也包括跨国公司在东道国的研发子公司内部）进行。早期跨国公司通过建立实验室或研发中心来进行研究开发以取得技术上的先行优势，进而获得产品市场上的垄断地位。①

可以看出，在封闭式创新模式下，创新的全链条环节，从研发创意、产品开发设计，到产品市场化和售后服务等，均内嵌于公司内部系统。这种模式在早期虽然可以发挥出一定的成本优势，但本质上各类创新资源在企业边界内外并未实现充分流动，无法发挥不同区域的比较优势。在此约束下，企业自然也无法得到创新决策的最优均衡解。

6.1.2　开放式创新或外源式创新

随着生产力配置的不断全球化，经济发展的节奏加快，创新活动本身的复杂程度不断提高，企业面临的内部研究开发压力不断增大。传统的封闭式创新/内源式创新模式所带来的超额利润率不断下降，一些公司开始采用完全不同于封闭式创新的方式，打破企业边界的限制，利用外部资源进行创新活动。

开放式创新（Open Innovation）的概念最早由哈佛商学院教授Henry Chesbrough于2003年正式提出。该理论强调“有目的地让知识流入和流出以加快企业内部创新”，并重点指出外部知识资源对于企业创新过程的重要

① 袁润兵，李元旭．跨国公司知识来源与开放式创新[J]．商业时代，2006(5)：6－7．

性。由于该模式提倡导入外部创新资源进行创新活动。因此,与内源式创新相对应,该类模式被称为外源式创新(Exogenous Innovation)。

企业实施开放式创新时充分利用企业内外部创新知识和信息资源来推动创新活动,同时充分利用内部市场和外部市场来促进创新成果的商业化,将企业内部闲置的创新资源和创新成果通过授权、外包或技术转移方式分享出去,以提高企业创新效益。可以看出,在开放式创新模式下,创新活动呈现出开放式、非线性等特征。创新资源可以打破企业边界充分流动并实现有效配置,相比于封闭式创新,此情况下企业的创新决策可以达到更优解。但是也要看出,开放式创新强调了内外部资源的平等性,要素资源的充分流动所带来的效率提升需要得到法律,即知识产权的保障。已有研究发现,在技术水平较高、知识产权保护相对完善的东道国,跨国公司倾向于和东道国开展技术价值较高的研发合作,并依托东道国的制度来保护技术进行"开放式创新"。①

对于上海来说,随着本土创新水平的整体提升,跨国企业在沪研发策略也逐渐从"封闭式创新"向"开放式创新"转变。在此模式下,越来越多跨国公司研发中心正从最初自成一体的"孤岛式"创新,转变为与本土创新主体合作。例如,强生与上海政府联合打造的创新孵化器 JLABS@上海已为约 50 家生物医药领域的初创企业提供支持。② 除了强生,越来越多的大型跨国药企如罗氏、阿斯利康等,将其在沪研发中心升级为在全球创新体系中具有重大战略意义的区域研发总部,在引进、研发创新药的同时也积极推进与本土企业的合作。③

---

① 郑飞虎,曹思未.跨国公司研发策略部署与开放式创新——来自中国的新发现[J].南开经济研究,2021(4):20—41.

② 界面新闻.强生中国:与上海政府联合打造的创新孵化器已为约 50 家生物医药领域的初创企业提供支持,去年已有 1 家上市[EB/OL].[2025—03—25]. https://www.jiemian.com/article/5596122.html.

③ 第一财经日报.500 强企业为何将全球研发中心放在上海:及时抓需求[EB/OL].[2025—03—25]. http://finance.sina.com.cn/roll/2017-04-25/doc-ifyepsec0827722.shtml.

6.2 研发组织形态相关综述

出于科技创新的需求,企业所形成的各类从事研发活动的组织形态即为企业的研发组织形态。研发组织形态通常可划分为内部研发组织形态和合作研发组织形态。[①]。

6.2.1 内部研发组织形态

内部研发组织形态指企业仅在组织内部进行技术研发、新产品应用与市场开发等全部活动的组织形态。其主要表现形式包括设立企业技术中心、创新事业部、实验室和企业创新项目小组等。该类研发形态存在投入金额高、研发周期长、研发风险高等缺点,但能够帮助企业组织内部成员积累知识、提高学习能力,同时,在内部研发组织模式下,企业创新成果的所有权不会被企业自身关系网络外的组织侵占,企业能够独享研发收益。

6.2.2 合作研发组织形态

合作研发组织形态指企业与上下游的供应商、零售商,以及科研院所、政府相关部门,甚至竞争对手合作,主动从组织外搜寻新技术,并将其与自身技术知识相结合以提高研发绩效的组织形态。其具体表现形式包括产学研合作、联合开发、研发联盟、研究协会、研发外包等。合作研发组织模式的特点是能够促使企业突破内部技术创新轨道,填补企业技术知识空白[②],缩短产品研

---

① 高锦萍,李林,万岩.我国企业研发组织模式创新研究:分类、现状与趋势[J].上海管理科学,2014,36(1):55—59.

② 刘建兵,柳卸林.企业研究与开发的外部化及对中国的启示[J].科学学研究,2005(3):366—371.

发周期[①]，降低企业研发风险。[②] 可以看出，与内部研发组织形态相比，合作研发组织形态增强了企业研发活动的协同效应，充分发挥了不同企业之间的互补性。

在合作研发组织模式下，企业可借助科技孵化器的帮助提升自身的创新研发能力。例如，大多数中小企业在初创阶段都面临资金不足、持续创新能力较弱、企业组织架构不合理等问题，孵化器对上述短板提供了强有力的支持。[③] 具体来看，孵化器能够降低创业者的创业成本及风险，提高创业成功率。借助孵化器及其所形成的孵化网络提供的平台，在孵企业可以与产业链上下游及同行企业、政府部门、投融资机构、大学与科研院所、中介服务机构等主体建立长期且稳定的资金、技术和商业联系，从而广泛获取所需的技术、知识、信息、经验、资金、共享设施等各种匹配性创新资源，增强创新能力。[④] 孵化网络为在孵企业提供了获取外部资源的集成平台，可以有效拓宽人才招聘渠道，广泛建立人脉关系，实现在孵企业与高技术人才的对接，能够帮助在孵企业拓宽融资渠道，扩大融资规模，优化融资结构。孵化器积极探索与高校和科研院所的合作模式，搭建了产学研合作的良好平台，在此平台之上致力于建立产学研各主体之间相互信任的关系网络，创造安全的合作氛围，促进协同效应的产生和共同成长。[⑤⑥]

总体来看，随着经济全球化程度和东道国创新资源禀赋的不断提升，出于

---

① 方厚政. 企业 R&D 外包的动机与风险浅析[J]. 国际技术经济研究，2005(4)：21－25.

② Arnold U. New Dimensions of Outsourcing：A Combination of Transaction Cost Economics and the Core Competencies Concept[J]. European Journal of Purchasing & Supply Management，2000，6(1)：23－29.

③ 李庚. 基于孵化器视角的科技型中小企业创新能力提升对策分析[J]. 江苏科技信息，2022，39(24)：1－4.

④ 王康，李逸飞，李静等. 孵化器何以促进企业创新？——来自中关村海淀科技园的微观证据[J]. 管理世界，2019，35(11)：102－118.

⑤ Filieri R，Alguezaui S. Structural social capital and innovation. Is knowledge transfer the missing link? [J]. Journal of Knowledge Management，2014，18(4)：728－757.

⑥ 马凤岭. 天津市科技企业孵化器的天使投资实践[J]. 科技成果纵横，2008(S1)：16－17.

自身成本收益的考量，跨国公司的研发模式正从封闭式创新转向开放式创新。作为一种诱致性因素，跨国公司研发模式的转变推动了其研发组织形态的转变，即从内部研发组织形态（以研发中心为主）走向合作研发组织形态（以创新中心为主）。

6.3 本章小结

本章围绕跨国公司在全球化背景下的研发模式与组织形态变迁的相关文献进行了系统梳理与分析。在研发模式方面，企业最初多采用封闭式或内源式创新，强调在企业内部控制创新活动，随着全球创新资源分布的多元化和知识产权制度的完善，越来越多跨国公司开始转向开放式或外源式创新，主动引入外部创新资源。在研发组织形态方面，企业的研发组织形态可划分为内部研发组织形态和合作研发组织形态，随着开放式创新的推进，企业逐渐从研发中心为主的内部研发组织形态走向以创新中心为主的合作研发组织形态。

7　在沪跨国生物医药企业研发机构发展现状及转变趋势

7.1　在沪跨国生物医药企业研发机构功能转变趋势

最近几年，受逆全球化、国际地缘政治、制度环境等因素的影响，跨国公司出于价值链安全可控角度的考虑，开始大幅度调整在华、在沪的研发布局。越来越多的跨国生物医药企业在沪研发机构正通过开放供应链、产业链，带动孵化本土初创企业。跨国公司在沪研发机构的组织功能转变主要经历了封闭创新、引进全球创新、孵化本土创新三个阶段。

7.1.1　第一阶段：封闭创新

自 20 世纪 80 年代末 90 年代以来，得益于中国庞大的市场需求，跨国公司研发机构陆续掀起对华投资的浪潮。在这一阶段，跨国公司对中国市场的重视程度相对较低，对市场的创新需求也不强烈，研发机构本身的资源和能力水平也不能满足创新需求。跨国公司在沪的创新活动处于相对封闭的状态，仅仅围绕本企业在中国投放的产品，创新要素与东道国的企业、高校、政府基本隔绝。

7.1.2　第二阶段：引进全球创新

在全球性利益分配不均衡、以中国为代表的新兴国家的群体性崛起导致西方资本主义国家无力应对经济全球化进程等经济原因和非经济原因引发的逆全球化发展格局下，跨国公司依然看好中国市场，并充分利用和融合企业全球资源网络，借助“中国制造”的创新成本实现更好发展。[①] 随着我国人口老龄化的加速，医疗需求日益扩张，加上居民消费力提高，这些因素促进医药消费从“医疗服务”向“健康服务”升级，为此，政府也出台了一系列包括鼓励创新、优化审批流程、降低税负等扶持医药行业发展的政策，为生物医药企业提供了良好的政策环境。伴随中国医药市场的消费结构调整与升级，中国市场在全球医药市场中增长潜力仍然巨大，上海市政府也大力支持国内外优质企业在沪设立各类总部、研发中心、生产基地等，支持生物医药领域本土企业加强模式创新。[②] 截至 2025 年 2 月，上海跨国公司地区总部和外资研发中心累计分别达到 1 027 家和 597 家。[③] 跨国公司在华研发机构承担了母公司在东道国市场甚至全球市场的部分创新研发活动，其在华研发活动的重心由封闭研发转变为通过协同发展推动早期和临床研究。

---

① 人民网. 跨国公司，“还是愿意到中国投资”[EB/OL]. [2025－03－25]. http://finance.people.com.cn/n1/2022/0712/c1004-32472269.html.

② 上海市人民政府办公厅. 关于促进本市生物医药产业高质量发展的若干意见[EB/OL]. [2025－03－25]. https://www.shanghai.gov.cn/2021hfbgwg/20210519/2d51b319d0af457dab381045d8cd4b02.html.

③ 中国新闻网. 上海新认定 40 家跨国公司地区总部和外资研发中心[EB/OL]. [2025－03－22]. http://news.china.com.cn/2025-03/22/content_117780139.shtml.

7.1.3 第三阶段:孵化本土创新

受全球供应链、产业链安全可控考量、研发成本、产业发展等因素影响,在沪跨国公司生物医药企业的研发组织功能正快速从"引进全球创新"向"孵化本土创新"转变。以阿斯利康、罗氏、强生等为典型的全球生物医药巨头纷纷通过在上海创建孵化器和众创空间等开放式创新功能性平台、开放供应链和产业链,带动孵化本土初创企业,为当地的中小企业、客户或创业者提供服务。跨国公司的研发技术创新对本土企业具有显著的溢出效应,是促进东道国技术创新的重要途径。开放创新中心既可以提升大企业创新效率,也可以缓解小企业的融资问题,优化本土企业创新创业生态环境,促进创新生态系统中不同主体的协同创新。

2019 年 6 月 27 日,强生创新孵化器——JLABS @上海在张江科技园正式投入使用①,以强生内部雄厚的创新资源为受孵化企业提供培训与专家咨询服务、专业的设施、实验室及设备共享服务、融资服务等,在不断引进创新产品和技术的同时,积极培育本土研发创新能力。强生 JLABS 提供的创新优势资源有助于本土初创企业技术的设计和开发。以入驻强生 JLABS 的本土企业和度生物为例,其正是在强生内部科学顾问团队的指导建议下,明确了公司的药物研发方向。② 强生也通过开展 Quick Fire Challenge 为优胜者提供项目资金支持和入孵机会。③ 截至 2022 年 12 月 22 日,强生 JLABS 已孵化 72 家涵盖制药、医疗器材和消费品等领域的企业,其中包括 8 家 2022 年新入驻

---

① 中国新闻周刊. 宋为群:以创新为内核领导强生中国[EB/OL]. [2025-03-25]. https://mp. weixin. qq. com/s/dbK0zunZot2e64OTBFipLg.

② 你好张江. GOI 之下,张江科技创新"热带雨林"枝繁叶茂[EB/OL]. [2025-03-25]. https://mp. weixin. qq. com/s/RX35yNnYfthXcNZRQLSOvw? poc_token=HNxX4mej0JOQHmyqzQi6Tz4FzKRmb2zPHS_0qK5.

③ 健康界. 强生创新挑战赛来袭 你的孵化器功课做了吗? [EB/OL]. [2025-03-25]. https://www. cn-healthcare. com/article/20180712/content-505634. html.

的企业。

2021 年，罗氏中国加速器的建设标志着罗氏的功能由引进全球创新转变为孵化本土创新，罗氏将以其在中国市场的研发和商业实力，孵化扶植优质的本土创新企业成长，推动产品早期研发和临床转化。2021 年 10 月成立的默克上海创新基地积极与通过默克创新委员会审评的本土创新项目展开合作，并成立“默克中国种子基金”，推动本土中小企业基础研发成果转化，实现与本土创新生态的互惠共赢。截至 2022 年 11 月，默克上海创新基地累计孵化引进了 12 家与默克三大主营业务相关的创新项目。① 2021 年 10 月 11 日，阿斯利康全球研发中国中心、上海国际生命科学创新园 iCampus、医疗人工智能创新中心建设完成，阿斯利康为中国本土创新企业提供项目落地、创新孵化、商业加速及扩大规模的一站式赋能②，完成从研发到孵化的转变，加速更多创新药和解决方案在中国本土孵化。

随着浦东新区发布大企业开放创新中心（GOI）计划，借助创新网络上的大企业的现金资源、品牌效应、全球创新网络、竞争能力等优势，创新链上的中小企业能够得到更多培育和孵化的机会③，浦东新区开始加速构建各创新主体相互协同的创新联合体，推动跨国公司由“引进全球创新”转变为“孵化本土创新”。④ 2024 年浦东新区政府工作报告显示，2023 年 12 月，活跃在浦东的大企业开放创新中心新增 25 家，累积已超过 90 家。⑤ 基于大企业的创新链、

---

① 澎湃新闻. 默克上海创新基地已累计赋能 63 家创新企业[EB/OL]. [2025－03－25]. https://www.thepaper.cn/newsDetail_forward_20812254.

② 阿斯利康中国. 阿斯利康全球研发中国中心正式开幕，助力上海打造世界级生物医药产业高地[EB/OL]. [2025－03－25]. https://www.astrazeneca.com.cn/zh/media/press-releases/2021/_html.

③ 上海市人民政府. 中国上海[EB/OL]. [2025－03－25]. http://service.shanghai.gov.cn/SHVideo/shnews_1_0.html.

④ 腾讯新闻. 又一批重磅企业决定加入浦东这个计划，用开放赋能本土创新[EB/OL]. [2025－03－25]. https://news.qq.com/rain/a/20211202A032C000.

⑤ 上海市浦东新区人民政府. 2024 年政府工作报告[EB/OL]. [2025－03－25]. https://www.pudong.gov.cn/zwgk/qzfgzbg-qzf/2024/67/324555.html.

产业链、供应链的产业赋能，也是大企业开放创新中心最重要的价值。以西门子医疗上海创新中心为例，其致力于建构医疗数字生态圈，连接临床诊疗场景、数据、数字化方案与伙伴，促进创新中心与本土创新生态共成长。自 2021 年 9 月启用以来，多家企业与西门子在医械工业设计、VR 技术应用、医械可视化系统等方面达成技术合作，通过赋能，产品开发周期极大缩短、形态极大优化，产品进入三甲医院临床应用的进程得以加速。① 红杉中国智能医疗加速器也通过提供开放创新实验平台与红杉中国创业基金，全方位助力入孵企业的突破与发展，推动打造扎根上海本土的生物医药产业集群。②

7.2 在沪跨国生物医药企业研发机构发展现状及组织形态转变趋势

本书认为，随着在沪跨国公司研发机构的组织功能从“引进全球创新”向“孵化本土创新”升级，在沪跨国公司研发机构组织形态正由单一研发中心向创新中心、孵化器、研发平台等形式转变。

5G 时代的到来意味着全球正开启新一轮的技术革命。以智能化、数字化、网络化为代表的科学技术变革已成为国家间权力和权威的象征之一。随着产业和技术快速更迭，跨国公司传统封闭创新的模式已经无法跟随时代快速变化的节奏，唯有开放创新、协同发展才能助力跨国公司实现新的突破。一些行业尤其是高科技行业，在贸易保护主义的压力和新工业革命的背景下走向产业回流，逆全球化、区域化趋势逐渐明显，各国政府在关键物资方面开始

① 研发客. 三十而立：再忆张江[EB/OL]. [2025－03－25]. https://mp.weixin.qq.com/s/4StQqH4W21J3lNAH2Tpw2Q.

② 中国新闻网. 红杉中国首个智能医疗加速器正式启用[EB/OL]. [2025－03－25]. https://www.sh.chinanews.com.cn/fzzx/2021－11－17/93377.shtml.

减少对国外的依赖[①]，开启本土化创新发展。此外，受新冠疫情的影响，跨国公司的全球产业链受到严重的冲击[②]，将进一步推动其重构全球产业链布局。作为技术革命的重要载体，跨国公司在科技创新发展方面又有着其他组织不可比拟的优势和作用。因此在沪跨国公司开始与不同创新主体合作，实现自身技术进步和补充的同时助力本土企业加快研发速度、提高研发效率，而在这一过程中在沪跨国公司研发机构组织形态也发生了改变。

已有研究认为，自 20 世纪 80 年代末 90 年代初跨国公司在华设立第一批研发中心以来，跨国公司研发机构经历了以下 3 个发展阶段：研发中心、以本土市场为导向的创新中心、以全球市场为导向的开放式创新中心。

7.2.1　第一阶段：研发中心

第一阶段，跨国公司研发机构的组织形态大多为大研发中心或总部研发分支，其研发战略主要是探索市场，为辅助产品进入中国市场提供技术支持和服务。在这一阶段，绝大部分跨国公司设立研发机构的目的是满足中国市场的需求，它们主要利用母公司已有的研发成果和技术，对产品进行本地化改造，并没有进行真正意义上的技术转移。如作为拥有百年历史的跨国公司，默克于 1933 年在中国开设第一家分公司，设立的目的主要是推广其研发的药物和化学药品。2009 年，默克在上海设立了研发中心，但当时仅仅将该中心定位于总部研发体系的支持角色。[③]

---

① 詹晓宁，贾辉辉，齐凡. 后疫情时代国际生产体系大转型：新趋势和未来方向[J]. 国际贸易，2021(9)：4—14.

② Zhan J X. GVC Transformation and A New Investment Landscape in the 2020s：Driving Forces，Directions，and A Forward-looking Research and Policy Agenda[J]. Journal of International Business Policy，2021，4(2)：206—220.

③ 中国青年报. 外资企业十年之变：共享高质量发展红利[EB/OL]. [2025—03—25]. https://baijiahao.baidu.com/s?id=1746977298965283059&wfr=spider&for=pc.

7.2.2 第二阶段:以本土市场为导向的创新中心

随着跨国公司资源、能力和技术的积累,以及由封闭式创新转变为开放式创新意识的转变,在华研发机构也会产生角色升级的需求。在这个阶段,跨国公司主要在东道国展开大量的创新研发活动,其研发机构组织形态逐渐转变为创新中心。为了满足自身的发展需求,跨国公司的在华研发机构利用本土研发资源,开始负责部分基础性研究工作,主要开发能够满足本土区域市场需求的产品、技术和工艺等。同时,出于本地化产品和服务的需要,部分跨国公司开始和东道国的企业、科研机构合作,而这一方面能够缩短本土人民对跨国公司产品的适应周期①;另一方面,这一合作关系能够降低跨国公司技术创新的风险,为跨国公司提供稳定的市场基础,从而为跨国公司的技术创新提供发展和完善方向。

2015 年我国实施药品审评审批制度后,默克决定持续向前推进中国生物医药的研发任务,将中国全面纳入公司全球早期临床开发项目。2017 年,作为第一个在中国开展大规模研发活动的跨国公司生物医药企业,礼来制药关闭了其在上海张江的研发中心,转而在 2018 年 3 月 14 日,成立中国创新中心。该中心聚焦于药物的前期研发,致力于通过与本土企业的合作实现协同创新。② 这一组织形态的转变不仅反映了在沪跨国公司生物医药企业在华研发活动的重心的转变,即由封闭研发转变为通过协同发展推动早期和临床研究,也反映了跨国公司对上海市甚至我国政策优惠、人口红利、营商环境等方面优势的青睐。借助其中国创新中心,礼来制药积极与本土企业开展合作,其中与浦东本土企业君实生物共同合作开发了有关新冠抗体疗法,不仅为我国

---

① 张莞洺.竞争与共赢:中国民营企业与跨国公司合作前瞻[J].学术月刊,2007(2):92−97.

② 中证网.礼来"重开"中国创新中心 将与本土企业合作前期药物研发[EB/OL].[2025−03−25]. https://www.cs.com.cn/cj2020/201803/t20180315_5745501.html.

有针对性地抗击新冠疫情提供了帮助，也为全球抗击疫情事业做出了突出贡献。①

7.2.3 第三阶段：以全球市场为导向的开放式创新中心

进入21世纪以来，中国的战略重要性受到了跨国公司的充分重视，中国政府也进一步开放了对外商投资限制。以上海为例，2020年上海出台《上海市鼓励设立和发展跨国公司研发中心规定》，为我国跨境研发活动提供了一系列优惠举措。此时，越来越多的跨国公司生物医药企业将其在沪设立的创新中心升级为开放式创新中心，更多地将其核心研发、创新活动落地上海，开展对于跨国公司在中国和全球长期发展具有重要战略意义的研发活动。在这一阶段，跨国公司研发机构的研究方向对全球战略和市场产生重要影响，往往涉及长期性和探索性的新技术、新领域，能契合公司的未来战略开拓新市场。跨国公司借助在东道国建立的研发、创新中心捕捉东道国市场需求，整合东道国优势创新研发资源要素，进而推动提升其技术创新能力以反哺应用到跨国公司全球研发网络。②

生物医药产业作为上海三大产业集群之一，是上海市产业发展的重要一环。自2018年以来，跨国公司生物医药企业开始调整在沪的研发布局，逐步走上"开放式创新"之路，由早期创新成果在本土开发转变为迎合本土需求助力全球发展的产品研发。③ 如今，越来越多的跨国公司生物医药企业加入浦

---

① 药智新闻.君实生物与礼来制药就新冠肺炎合作开发预防与治疗性抗体疗法[EB/OL].[2025−03−25]. https://news.yaozh.com/archive/29752.

② 张战仁，刘卫东，杜德斌.跨国公司全球研发网络投资的空间组织解构及过程[J].地理科学，2021，41(8)：1345−1353.

③ 黄烨菁.促进跨国公司研发中心融入上海科技创新中心建设机制研究[J].科学发展，2018(2)：17−25.

东新区大企业开放中心计划(GOI)。①

2021 年 10 月 11 日,阿斯利康将在沪研发平台升级为全球研发中国中心,让中国研发在阿斯利康全球研发战略布局中的重要性进一步凸显,加速实现"在中国,为全球"。以跨国公司生物医药企业巨头之一罗氏制药为例,2019 年,罗氏将其研发中心升级为罗氏上海创新中心,聚焦研究与早期研发相关领域的创新型药品,跻身为全球第三战略中心。② 2022 年罗氏继续追加投资,罗氏上海创新中心进一步升级为拥有研究开发方面的独立决策权的罗氏中国创新中心。③ 截至 2022 年 6 月底,罗氏中国创新中心产生的发明专利超过 290 件。④ 此外,该创新中心与全球研发相关部门合作携手将 9 款药物分子推进至临床试验阶段,助力其全球医学研发事业发展。

截至 2023 年 12 月,全球跨国药企前 20 强中有 10 家企业在张江设立了开放创新中心。⑤ 跨国生物医药企业并没有将研发活动撤离中国,而是更多地从最初自成一体的"孤岛式"创新(即封闭式创新)转变为以更加开放、包容、合作的心态与中国本土企业合作⑥,并更进一步升级为孵化本土创新项目。

7.2.4 第四阶段:孵化器或创新平台

创新战略和研发模式的转变反映了在沪跨国公司生物医药企业在华研发

---

① 人民日报. 这个"会客厅"活力四射! 上海剑指世界级生物医药产业[EB/OL]. [2025-03-25]. https://baijiahao.baidu.com/s?id=1749731375724668149&wfr=spider&for=pc.

② 澎湃新闻. 创新中心落沪:上海跻身罗氏全球三大战略中心[EB/OL]. [2025-03-25]. https://m.thepaper.cn/baijiahao_4736707.

③ 健康界. 罗氏、西门子医疗、默沙东、赫力昂、礼来、艾尔建美学、武田等公司新动态[EB/OL]. [2025-03-25]. https://www.cn-healthcare.com/articlewm/20221011/content-1447983.html.

④ 罗氏制药中国. 罗氏中国创新中心[EB/OL]. [2025-03-22]. https://www.roche.com.cn/innovation/innovation-center.

⑤ 上海市人民政府新闻办公室. 上海构建生物医药全产业链政策支持体系,提供"保姆式"配套服务 外资生物医药企业紧抓"上海机遇"[EB/OL]. [2025-03-25]. https://www.shio.gov.cn/TrueCMS/shxwbgs/ywts/content/369de1b8-5c75-495b-b7cc-219529357566.htm.

⑥ 上海科技. 由研发中心到开放式创新中心,这些外资企业为何都选择这里? [EB/OL]. [2025-03-25]. https://mp.weixin.qq.com/s/Sv1q0M7GDYcu9AYazNBqEw.

活动的重心的转变，也带来了跨国公司生物医药企业研发机构组织形态的转变。在现有研究提出的三个阶段的基础上，本研究认为，随着在沪跨国公司生物医药企业研发机构组织功能的升级，其组织形态也已进入第四阶段——建立孵化器或创新平台模式。即在沪跨国公司生物医药企业通过建设加速器和孵化器，为本土企业和创新项目提供办公场地、技术设备和设施、专业科研人员的咨询与指导等服务，从而达成加速科技成果、扶持企业创新的目的。在生物医药行业，上海市计划到 2025 年培育 50 家以上集聚研发与销售等功能的创新型总部，培育 20 家以上高水平生物医药孵化器和加速器①，集聚具有国际影响力的生物医药创新或研发中心，通过研发创新带动上海市生物医药产业发展。

7.3 本章小结

本章围绕在沪跨国公司生物医药企业研发机构的发展现状及其功能、组织形态的转变趋势进行了系统梳理与分析。在组织功能方面，跨国公司研发机构经历了从“封闭创新”到“引进全球创新”，再到“孵化本土创新”三个阶段的演进过程。在组织形态方面，已有研究认为跨国公司研发机构经历了研发中心、以本土市场为导向的创新中心、以全球市场为导向的开放式创新中心三个发展阶段，本章进一步指出随着在沪跨国公司研发机构的组织功能的升级，跨国公司不断深化在华布局，研发机构从单一的研发中心逐渐向创新中心、孵化器、研发平台等形式转变，进入以孵化器或创新平台为主的第四阶段。

① 上海市人民政府办公厅.关于印发《上海市加快打造全球生物医药研发经济和产业化高地的若干政策措施》的通知[EB/OL].[2025－03－22]. https://www.shanghai.gov.cn/nw12344/20221118/57912cee07a540eda9d0fe1ab70e31d7.html.

8 跨国生物医药企业研发机构组织形态转变:多案例研究

截至2024年年底,上海市累计拥有生物医药企业4 130家①,上海市外资生物医药企业数量占比约6成,全球药企前20强企业中的18家、全球医疗器械企业前20强中的18家都已在上海设立中国区总部、研发中心或生产基地。② 同时,越来越多的跨国公司生物医药企业纷纷将其在沪设立的贸易中心升级为研发中心,同时开始设立开放式创新中心,加入浦东新区大企业开放中心计划(GOI),更多地将其核心研发、创新活动落地上海。本研究以已经认定成为大企业开放创新中心(GOI)的企业目录为基础,选择五家具有代表性的跨国公司生物医药企业,研究其研发机构组织形态的转变过程、现有组织机构的运营模式及特色等。

---

① 杨立青.上海市生物医药产业发展简报(2024年)[EB/OL].[2025－03－31]. http://mp.weixin.qq.com/s?_biz=MzI5NzY0NDQyNQ==&mid=2248390595&idx=4&sn=0157f2eb171fad53070c06cfa39b7aa3&chksm=ee2c8746d99f741caf1cbf0679daea7e5cf035a67a98176ffb441b80cb56daa9fccdd694d24f#rd.

② 东方网.上海生物医药产业快速增长且外资贡献显著,外资生物医药企业数量占比约六成[EB/OL].[2025－03－29]. https://j.021east.com/p/1732011474041232.

8.1 案例一：美国强生（Johnson & Johnson）

强生成立于1886年，总部位于美国新泽西州，是一家集研发、生产和销售医疗保健领域多元化产品的国际化生物医药公司。强生亚太创新中心是全球四大创新中心之一，从2014年成立至今，强生亚太创新中心立足上海，在开放式创新的模式下，密切与创新企业、学术和科研机构以及优秀人才的合作，共同将雏形创新转化为医学临床应用的成果。作为强生加速外部创新合作，建设开放式创新生态体系的重要一环，2019年6月强生将全球最大、亚太首家创新孵化器JLABS安家在上海张江。JLABS结合公司在本土、亚太和全球的资源、专业知识和区域优势，支持本土初创企业发展，将突破性的医疗健康解决方案带给全球市场。

8.1.1 强生组织形态的转变过程

作为上海市重点发展的三大高端产业之一，生物医药产业的高质量发展，有利于上海市发挥高端产业引领功能、提升科技创新策源能力。而跨国公司在上海市生物医药产业发展中起到了至关重要的作用，上海市政府统计数据显示：2023年，上海市生物医药产业规模超过9 000亿元①，全球药企前20强的18家和医疗器械前20强的17家都已落户上海，并纷纷设立中国区总部、研发中心或生产基地。近年来，传统的大企业为了巩固其在产业链和创新链中的核心地位，第一时间获得最具投资价值和市场价值的创新成果，开始探索以开放式创新中心的形式从战略视角和投资视角寻求合适的初创企业进行合作，这也是大企业进一步拓展外部合作的一种功能升级模式和创新的商业

---

① 光明网."外脑"落沪，国货出海——上海生物医药实现双向"加速跑"[EB/OL].[2025－03－25]. https://baijiahao.baidu.com/s? id=1792094928359222723&wfr=spider&for=pc.

形式。

作为拥有 130 多年历史的全球第一大医疗保健公司,2007 年 10 月,强生就在上海设立了全球新兴市场创新中心①,成为首批在上海成立研发中心的跨国公司生物医药企业。该创新中心的工作重心是“内部创新”,即带领强生自己的团队,专攻全球新兴市场的新产品研发。

2014 年 10 月,强生公司在上海建立亚太创新中心,这是强生全球第四个、亚洲唯一一个创新中心,与伦敦、旧金山、波士顿的创新中心共同组成强生创新生态系统。亚太创新中心的最大特色是鼓励开放合作、外部创新,这也是其与前期成立的全球新兴市场创新中心的最大区别。亚太创新中心不隶属于强生任何一个业务部门,重点借助外部力量,与优秀的初创型企业或科研机构合作,在制药、医疗器材及消费品领域开发有潜力的项目,贴近创新的发源地。大型跨国公司的优势是经验和资源,但往往也相对保守、存在决策流程繁琐等问题;初创型企业则具有活力、机制灵活、敢于尝新和试错,但不具备产品化和商业经验。双方合作互补,能更快地推进成果转化,寻求共赢。亚太创新中心成立的初心在于把中国的创新成果与世界各地连通,帮助中国创新走向全球市场。目前,亚太创新中心已经在中国、日本、新加坡和韩国等主要市场,与当地生态圈中的初创企业、院校、科研机构建立了密切的合作伙伴关系。例如,亚太创新中心和包括南京传奇、成都先导、香港理工大学、工业技术研究院等数十家领先的生物制药企业和院校研究机构等展开了合作。②

2017 年以来,受逆全球化、国际地缘政治、全球疫情冲击等因素影响,跨国公司全球价值链布局已经出现不同程度的调整。礼来、葛兰素史克、诺华等一批跨国公司的中国研发中心从张江“撤离”曾一度引起关注,随之而来的是

---

① 闵开发公社. 强生——打造以上海为中心的创新枢纽[EB/OL]. [2025-03-25]. https://mp. weixin. qq. com/s/GHvmesVSoR-AA-mTty2vPg.

② 强生官网. 下一个健康突破在哪儿? ——专访强生创新亚太区负责人王丹[EB/OL]. [2025-03-25]. https://www. jnj. com. cn/innovation/20191008112534.

跨国公司开放式创新平台开始大量涌现。这是跨国企业创新发展到现阶段战略布局的必然选择。据统计,在张江活跃的大企业开放创新中心已超过30家。① 在全球医药企业20强中,已有10家在张江设立了开放创新中心②,而强生则是首家获得上海市政府认定的跨国公司开放式创新平台。③

作为强生建设开放式创新生态体系的重要抓手,2019年6月,强生创新—JLABS@上海在张江科学城成立,该平台由强生创新与上海市政府、浦东新区人民政府、张江集团共同建立。JLABS@上海保持与全球其他12家JLABS统一的运营模式,聚焦孵化本土初创企业,追求解决患者和消费者未被满足需求的颠覆式创新。JLABS的成立为上海本土的生物医药初创企业提供了连接强生的单点入口,使这些企业得以触及强生独有的广度和深度,同时也将最好的外部科学、技术和初创企业与强生全球化的资源、平台和专业知识紧密联系起来。

8.1.2 强生JLABS的运营模式

1. 通过专家团队严格筛选入驻企业

作为全球最大和最多元化的医疗健康公司之一,强生拥有高水平的医药领域专家团队,强生JLABS也会对入驻企业进行严格的筛选。在提交申请阶段,企业需要提交以下材料来证明自己的项目是具备市场前景的:第一是关于自己的核心技术,并突出重点研究领域;第二是用户分析,说明公司在研或待研发产品的受众以及该领域可能存在的竞争对手;第三是创业团队成员的介

---

① 上观新闻.将"影像科"搬进"实验室"!西门子医疗全球首家开放式创新平台启用[EB/OL].[2025—03—25]. https://www.jfdaily.com/sgh/detail?id=551411.

② 药谷君.这些重大项目,照亮了张江生物医药产业的未来![EB/OL].[2025—03—22]. https://mp.weixin.qq.com/s?_biz=MzA4Nzg3NTYyMQ==&mid=2247632047&idx=3&sn=6abe1744b2515fbc6231ac36c9f1d16a&chksm=903e4de5a749c4f39063d2fd71aaceeabe53279f3133bdd5a7dadaf2e7f0e06ef2adfdee2f66&scene=27.

③ 美通社.强生成为首家获得上海市政府认定的外资开放式创新平台—美通社PR-Newswire[EB/OL].[2025—03—25]. https://www.prnasia.com/story/307536-1.shtml.

绍以及项目发展情况,其中最重要的是未来12～18个月的项目计划;第四是公司目前的资金来源及存在的合作伙伴关系。在收到企业申请后,强生的专家团队则会根据“四条标准”来选择可入驻的创新企业,即研究项目是否具有变革性、是否针对未满足的重要的市场需求、团队是否具有财务偿付能力、是否与强生公司感兴趣的战略领域或相邻领域相符合。在严格的筛选标准下,成功入选JLABS的企业只有10%左右,且入孵项目的方向主要集中在制药、医疗器械、日用品和全球健康领域,与强生的主营业务有一定的关联。① 此外,强生也通过定期开展Quick Fire Challenge为优胜者提供项目资金支持和入驻JLABS的机会。

2. 遵照“无附加条件约定”(No-strings Attached)的开放合作态度吸引初创企业

强生在全球范围内布局的13家JLABS均施行“无附加条件约定”模式,即企业入驻合作无任何附加条款,创新个体可以在保持独立的发展方向、保有自己的知识产权、无需承诺在未来将其技术卖给强生的基础上,享受强生提供的全方位孵化服务。“无附加条件约定”模式意味着JLABS不会强迫入驻企业与他们达成协议,而是通过真正形成的伙伴关系来建立关系,这主要体现在真心实意地为入孵企业的服务上。2020年6月,强生推出全球人才培养项目“EXPAND”,第一批共15名来自强生跨业务、跨职能部门的员工被安排在与JLABS@上海合作的初创公司进行为期6个月的兼职,拓展双方创新交流,深化了与入驻企业在创新人才培养方面的合作。② 也正是基于这样的良性“链接”,JLABS与很多入驻企业签订了合作协议。例如,在2020年的第三届进博会上,强生与入驻企业英矽智能签订了战略合作协议,利用英矽智能推出的

① 雪球. 盘点7大全球医疗创新孵化器![EB/OL].[2025－03－25]. https://xueqiu.com/5376069401/262280354?md5_1038＝eq0xRDgGqQTwD%2FD0D5GkDn7YCeqWqR5TpD.

② 美通社PR-Newswire. 扎根中国市场 聚力人才发展——强生中国再次荣获多项雇主品牌大奖[EB/OL].[2025－03－22]. https://www.prnasia.com/story/283211-1.shtml.

AI平台为强生杨森提出的多个靶点设计具有特定属性的小分子苗头化合物。[①]

3. 利用强生内部雄厚的创新资源为受孵化企业提供专业服务

强生孵化器的服务内容具体包括：具备实验设备资源的空间，将研究成果市场化的专家团队，通过强生当地网络协助进入当地市场，处理日常事务的团队（便于创业团队专注研究），互联网技术支持，定制化网络解决方案，合规培训等。

（1）强大的专业培训与专家咨询网络：JLABS会为每一家入驻企业匹配一位来自强生公司的相关主题专家。这些专家往往具备业界丰富的经验和战略眼光，可以为入驻企业提供持续的指导和反馈。除了定期沟通外，入驻企业与创业导师还可以随时沟通，享受强生公司从产品设计、法规咨询到风险投资和产品生产等各方面的培训与咨询服务。星亢原生物的创始人陈航在采访中透露，自2022年5月入驻JLABS后，强生就给公司配备了全球研发负责人级别的导师，得到了导师对本公司项目的看法和专业指导。[②] 而以入驻强生JLABS的本土企业和度生物为例，其正是在强生内部科学顾问团队的指导建议下，明确了公司的药物研发方向。[③]

（2）专业的设施、实验室及设备共享：JLABS向入驻企业提供了一个实体的孵化器平台，满足不同阶段企业需求，如办公空间、公共实验室、共享实验设备、会议室和创意工作环境等。由于实验涉及生物、化学、材料和医疗器械等多个方面，心光生物的项目因找不到合适的创业场地而无法启动，但在2019

---

① 搜狐新闻. 探秘强生创新—JLABS @ 上海：致力于解决未被满足需求的颠覆式创新[EB/OL]. [2025－03－25]. https://www. sohu. com/a/www. sohu. com/a/644523743_121123796.

② 搜狐新闻. 星亢原创始人陈航：星星之火，亢起燎原[EB/OL]. [2025－03－25]. https://www. sohu. com/a/409956778_120545254.

③ 你好张江. GOI之下，张江科技创新"热带雨林"枝繁叶茂[EB/OL]. [2025－03－25]. https://mp. weixin. qq. com/s/RX35yNnYfthXcNZRQLSOvw? poc_token＝HNxX4mej0JOQHmyqz－Qi6Tz4FzKRmb2zPHS_0qK5.

年 6 月入驻 JLABS@上海后,实验和设备方面的问题迎刃而解。①

(3)提供融资服务:强生在中国的创新网络包括进行创新合作的亚太创新中心、专注创新孵化的 JLABS、负责风险投资的 JJDC 和业务发展(Business Development)在内的不同创新机构,为创新发展不断输出新生动力。融资服务由强生公司的战略风险投资部门 JJDC 提供支持,其工作的核心是组织基金与 JLABS 入驻企业的沟通。目前,JLABS 已经与全球超过 100 家投资基金开展了合作,使初创企业可以更容易得到融资,并为入驻企业提供潜在的投资(如图 8—1 所示)。以入驻强生 JLABS 的本土企业星亢原生物为例,其正是在强生的帮助下,完成了 Pre-A 轮融资。②

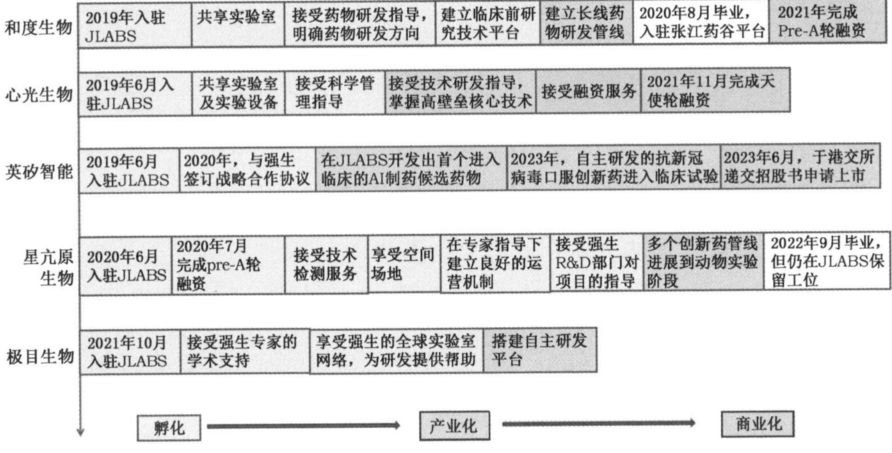

资料来源:作者自行整理。

图 8—1 强生 JLABS 为入驻企业提供的各类服务

① 看看新闻 News. 放大进博溢出效应 从"中国首发"走向"中国首创"[EB/OL]. [2025—03—25]. https://baijiahao.baidu.com/s?id=1679894881413032060&wfr=spider&for=pc.

② 搜狐新闻. 星亢原创始人陈航:星星之火,亢起燎原[EB/OL]. [2025—03—25]. https://www.sohu.com/a/409956778_120545254.

截至 2023 年 6 月，已有 74 家公司入驻 JLABS @上海，其中 41 家为医药领域公司，22 家为医疗器材领域公司，11 家为消费品领域公司；其中 10 家为强生 Quick Fire 挑战赛的获奖者。在所有入驻公司中，34 家公司目前在驻，40 家已毕业。图 8—1 显示了强生 JLABS 为入驻企业提供的各类服务，大部分企业在入驻 JLABS 期间进入了产业化阶段，少数优秀企业已进入商业化阶段。对于初创企业的“毕业”，由于不同的行业有不同的条件要求，因此是否达到毕业标准要根据初创企业的需求来判断。通常需要考虑如下方面：孵化时间为 2 至 3 年，最长不要超过 5 年；在孵化器内企业应完成科技成果的转化，制成样机或样品；有相当稳定的市场；管理完善；资金充裕等。

8.1.3 强生 JLABS 的特色

1. 全球化优势明显，受孵企业形式自由

目前，我国企业孵化器的主要类型有科技企业孵化器、大学科技园等。与大学科技园的“优势学科＋本地产业”发展模式相比，强生自建的 JLABS 孵化器更具全球化优势。大企业开放创新中心的内涵是指大企业需要开放自身的资源，和外部小企业共享，建设一个内嵌该合作机制的创新联合体。张江集团对大企业开放式创新中心的分析报告显示，大企业开放创新中心区别于一般孵化器的核心价值在于是否导入先进的管理经验，是否有核心的产业赋能能力，是否具有全球链接的能力。而强生作为全球最大和最多元化的医疗健康公司之一，2023 年 1 月被财经杂志《财富》评为 2022 年全球最受尊敬的公司，连续 9 年蝉联医药行业榜首。其在全球有着广泛的分销网络和生产基地，其产品遍布世界各地。这种全球化战略不仅增强了强生在不同市场的存在感，而且有助于帮助 JLABS 入驻企业通过强生网络进入当地市场。

此外，强生资本高效且灵活的模式使入驻企业能够专注于科学研发。

JLABS 为初创公司提供最多容纳十多人的办公空间以及共享实验室，入驻企业自带的设备在通过安全检测后也能够获准进入共享实验室，更有企业仅在 JLABS 保留一个工位，入驻企业的组织形式和研发模式十分自由。而我国大学科技园由于聚集了大量不同性质、不同规模的创新主体且各主体的所有制形式与管理模式千差万别，导致大学科技园协同创新协调难度大，入驻企业的组织形式也受到一定限制。①

2.“无附加条件约定”的全方位孵化服务

JLABS 由强生携手上海市政府、浦东新区人民政府和上海张江（集团）有限公司共同建立，选址于上海张江高科技园区。作为生物医药企业集聚的重要产业园区，张江科学城吸引了 10 家全球 20 强医药企业在此设立开放创新中心，汇聚了 1 500 余家生物医药创新企业，吸引了众多国内外人才，核心区生物医药从业人员总数达 5.7 万，约占全市的 20%。辉瑞、礼来等跨国生物制药企业将其研发中心设立于此，便于临近知识源以获得技术溢出，更好地获取创新途径，加速了生物技术成果转化和创新药的推广。②

JLABS 依托强生资源孵化企业，为强生培养产业链相关创业企业，同时也帮助孵化企业通过强生网络进入当地市场。入驻企业借助跨国公司同等级别的研发环境和来自世界一流研发团队的技术支持，有效地加快了相关项目的研发进程。对研发环境要求较高的生物医药企业来说，项目孵化早期通过缴纳固定租金就能获得高品质、高标准，并获得业界认可的全配套、一站式研发资源，大大节约了大型分析检测设备购置和搬迁的成本，提升了研发效率和成功率。根据有关数据统计，强生 JLABS 孵化的成功率达到 80%，赋能效果远远高于一般的生物医药企业孵化器。

---

① 成鹏飞，李梦佳，周向红，等.大学科技城协同创新体系：现实问题与优化策略[J]. 北京城市学院学报，2023(5)：19－25.

② 李国平，方晓晖.基于价值链分工的跨国生物医药企业在华布局模式[J]. 地域研究与开发，2016，35(4)：6－11.

此外,一般的生物医药企业孵化器往往寻求投资回报,通常会要求持有受孵企业的股权(2%至10%)以换取服务或收取固定费用或从创新产品中抽取一定比例的收入。而JLABS则采用"无附加条件约定",不要求获得入驻企业的股份,不要求优先投资权,也不强迫入驻企业与他们达成协议。创新公司可以在保持独立的发展方向保有知识产权的基础上,享受强生提供的基础设施、产品研发、技术指导,以及融资、行业资源对接等全方位孵化服务。入驻强生JLABS的赋源生物、和度生物等本土企业采用的都是无附加条款模式,在较短时间内获得了快速成长。

与强生JLABS孵化器相比,我国现存的大学孵化器在资源方面的优劣势十分明显。优势主要表现为:

(1)国家大学科技园相较于强生JLABS孵化器拥有更多高校的科教资源,是科技人才、创新团队和研究成果的集聚地,具有更强的知识扩散性、技术辐射性、人才溢出性。

(2)我国大学科技园的建设与发展具有明显的行政主导色彩,往往能比跨国企业孵化器得到更多政府资源支持。政府基于国家整体创新发展战略的考量,采用"举国体制"的集体行动逻辑为大学科技园持续注入大量的财政、金融、人才和土地等资源,使其能够迅速完成科技园区物理空间的建设与规划。例如,清华科技园的建设和发展得到了政府的大力支持,在人才吸引与激励、财税和管理改革等方面享有中关村科技园区的相关优惠政策。

劣势主要表现为:

(1)在大学科技园从事科技成果转化的人员中往往缺乏懂技术、懂管理、懂市场的复合型人才。

(2)虽然政府和大学是大学科技园参与主体,但其通常仅为受孵企业的基础研发提供支持。缺乏第三方力量支持这些创新型中小企业持续性发展,没有金融、风投等资金的介入,单靠企业的力量往往无法完成技术转化、产品开发到产业化的全过程,不利于受孵企业可持续性发展。

(3)我国大学科技城创新成果转化渠道还不太通畅,缺乏完善的天使投资、风险投资等投融资体系,使得不少有价值的创新成果被束之高阁,错过最佳的产业化时机。

3. 商业化能力强,市场适配度高

作为全球知名医疗企业,强生从成立到现在一直都在经历市场的验证,这也使得强生 JLABS 相比一般的生物医药企业孵化器或大学科技园更有市场敏锐度,其孵化出来的企业与市场的适配度也更高。例如 Acuvue Oasys© 与 Transitions™ Light Intelligent Technology™ 隐形眼镜被评为 2018 年时代最佳发明之一,公司研发的 COVID-19 疫苗被《时代》杂志选为 2021 年最佳发明之一。跨国企业广阔的市场渠道和卓越的商业化能力也能间接加速产品的商业化转化进程。

相较而言,高校孵化器则存在科研成果供需信息不对称问题,缺少稳定畅通的转化渠道。大学科技园无法快速整合创新资源和市场需求信息,部分具有发展潜力的科研成果缺失转化为生产力的机会。此外,技术成熟度和市场成熟度不匹配也会影响科研成果转化率,科研成果的应用前景、市场潜力、转化收益等评估缺少市场需求评估结果的指导。多数大学科技园尚未具备专业化的发明评估、质量管理、市场分析、商业推广、交易估值、谈判签约等系列服务业的供给能力,降低了科技成果转化效率。

表 8－1 是强生孵仪器与我国大学科技园的优劣势对比。

表 8－1　　强生孵化器与大学科技园的优劣势对比

	强生孵化器	大学科技园
环境	全球化优势明显 形式自由	本土化优势明显 多方共建导致决策不一致

续表

	强生孵化器	大学科技园
资源	全球技术资源 无限制的商业资金 “无附加条件约定”	科研实力和科研人才 地方政府和高校的资源倾斜 资金限制 缺乏复合型人才 链接社会资源能力有待提高
适应度	商业化能力较强	与外部市场的接轨较弱

资料来源:作者自行整理。

8.2　案例二:英国阿斯利康(AstraZeneca)

阿斯利康由前瑞典阿斯特拉公司和前英国捷利康公司于 1999 年合并而成,总部位于英国伦敦,是一家以创新为驱动的全球性生物制药企业。作为跨国制药巨头,阿斯利康于 1993 年进入中国。入华 30 年以来,阿斯利康与中国生物医药行业一起实现了飞跃式发展,并逐步构建起以患者为中心的创新健康生态圈。阿斯利康以中国智慧健康创新中心、国际生命科学创新园和阿斯利康中金医疗产业基金为“三驾马车”,助力全球医疗产业创新。

8.2.1　阿斯利康组织形态的转变过程

受政策红利、监管引导、资本助力等关键因素驱动,中国医药产业在过去三十年蓬勃发展,实现了从严重落后到逐步全面接轨国际的飞跃式突破。而锚定中国医药市场蕴藏着的无限潜力和机遇,带着顶尖制药水准、高效管理模式和先进创新理念开始相继进驻中国市场的跨国药企,见证、亲历并推动了这场深刻的产业变革。

2007 年,阿斯利康成立中国创新中心,成为第一批在中国建立本土研发中心的跨国公司企业。[①] 阿斯利康中国创新中心仅聚焦于内部研发，有别于后期成立的全球研发中国中心(开放式创新中心)。但阿斯利康选择在中国建立研发中心的初心并不仅仅是为了研发，更是为了“了解中国的病人和医疗的本地需求”。

2013年，阿斯利康又设立了中国新药研发部，以支持阿斯利康的创新药物在中国的临床开发和上市。而后发生的药品监管体制改革拉开了中国医药创新的序幕，强势崛起的本土创新药产业持续增强跨国药企在华拓展布局的信心。为了进一步深度布局中国创新研发，以中国本土研发力量引领全球创新，2019年，阿斯利康宣布将中国新药研发部升级为阿斯利康全球研发中国中心。一方面，全球研发中国中心仍专注提升内部研发能力。中国研发中心与阿斯利康全球管线关键项目同步研发率达到100%，承担了全球20%的临床研究任务，研发团队规模超900人，并逐渐发展了早期研发科学、生物分析实验室、转化医学、数字化及数据创新等团队。[②] 另一方面，阿斯利康全球研发中国中心也在努力寻求更多外部合作机会，与中国创新药企业、研究者开展更多合作，让中国专家有更多机会在全球研究中发挥方案设计和引领的作用。2022年，阿斯利康将全球研发的开放创新计划CoSolve引进中国，以招募更多中国创新力量参与全球新药研发。

随着我国经济的快速发展，居民的生活环境不断变化，人们的健康观念逐渐转变，老龄化进程也开始加快，在此背景下，生物医药产业在国内的发展势头迅猛。从国家层面到地方政府，当前都在积极布局和扶持生物医药产业的发展。我国医疗创新也逐步进入“拐点”时期。一方面，医疗创新市场的投融资频率持续走高。据蛋壳研究院的数据显示，我国2022年前3季度医疗健康

---

① 中欧商业评论官方.阿斯利康：人才先行，以中国研发力量引领全球创新[EB/OL].[2025-03-22]. https://baijiahao.baidu.com/s?id=1737615229980524285&wfr=spider&for=pc.

② 新民晚报.阿斯利康：中国研发管线重点项目与全球同步研发率已达100%[EB/OL].[2025-03-25]. https://baijiahao.baidu.com/s?id=1780596474166498053&wfr=spider&for=pc.

产业投融资总额超 950 亿元人民币，融资交易数量逾 900 起。[①] 另一方面，医疗健康行业的跟随性创新在近些年已接近尾声，原创创新越发成为行业关注焦点。面对创新大潮，企业、资本、高校以及各地政府纷纷抢抓机遇，将医疗大健康产业作为创业、投资和经济规划的重要方向。但医疗创新复杂度高、风险大，因此极具挑战，特别是在原创创新领域，面临的考验更是繁复。所以，如何更好地联动各方资源，帮助创新项目应对、跨越成长过程中的众多挑战，成为医疗大健康行业参与各方关心、思考的方向。顺应趋势，各类孵化器、产业园区相继建立，以作为医疗创新重要的载体，从而为创新企业提供多元支持。

在众多创新园中，由阿斯利康支持建设的国际生命科学创新园模式(iCampus)走出了一条差异化道路。2019 年，为搭建"更高效的对接平台、更快合作促进、更深赋能平台"，阿斯利康在无锡搭建了首个国际生命科学创新园，定位为海内外优质创新医疗项目提供一站式孵化加速平台，致力于帮助海内外创新企业孵化与产业赋能，形成集聚效应，最终推动中国生命健康行业的创新进程。截至 2023 年年底，iCampus 已经布局全国 8 城，共吸引了超过 90 家医疗创新企业合作入驻，拥有 10 家投资伙伴和 9 家战略合作伙伴，并构建了多个头部专家创新合作的生态圈平台，正逐步探索和完善从科研成果转化到产业成果加速的优质生态体系。

8.2.2 阿斯利康的 iCampus 模式

国际生命科学创新园 iCampus 是阿斯利康全球创新网络在中国的创新实践。国际生命科学创新园通过 iCampus 这一广泛的外部合作和技术引入的平台，将行业前沿的、有市场潜力的国外创新企业引入中国市场，或通过阿

① 动脉网.深度解析：协同创新持续加速，阿斯利康推动的创新园做对了什么？[EB/OL].[2025-03-25]. https://baijiahao.baidu.com/s?id=1752902745748520747&wfr=spider&for=pc.

斯利康全球网络将国内企业推向世界。

目前，iCampus 已在国内八大城市打造区域主题生态圈。我国生物医药产业园区主要分为政府主导和企业主导两大运营管理模式。iCampus 是我国首个由跨国头部生命科学企业与政府合作共建的产业园，该模式使得入驻企业可同时享受两方所提供的支持和资源。一方面，iCampus 依托阿斯利康，既拥有广泛的创新资源和全球网络，也拥有全渠道的商业化平台。这带来的优势是，iCampus 可以把国外初创企业介绍到中国来，也可以让园区企业有机会在阿斯利康全球网络的支持下进行全球拓展。另一方面，基于各地地方政府的支持和当地的特色医疗资源禀赋，iCampus 能结合园区所在地的优势进行资源整合，放大入驻企业的势能，并为当地政府落地更多产业项目。具体来看：

在企业端，入驻企业可以借助阿斯利康的全球网络推动旗下业务向国际“进军”。这背后得益于全球阿斯利康国际创新中心的广泛布局：阿斯利康现有超 15 家国际创新中心，地点遍布美国、巴西、阿根廷、瑞典、英国、法国、以色列、俄罗斯、韩国、印度、新加坡等国家，资源面非常广。从 2019 年的“1”（无锡）的“战略重塑、样本打造”，到 2023 年完成“8”（无锡、北京、杭州、成都、上海、广州、宜兴、青岛）的“全国拓展、模式升级”，iCampus 的全国性布局，随着阿斯利康在全国区域总部的建成而逐步清晰，阿斯利康中国选择在北京、杭州、成都、广州、青岛建立区域总部，同时在上海增设全球研发中国中心，iCampus 也随之在当地设立创新园，释放区域医疗产业创新实力，与阿斯利康内部团队、外部合作伙伴一起加速本土化创新，深耕当地生物医药创新发展的生态圈。结合阿斯利康区域总部的聚焦点和区域特色与产业特点，每个 iCampus 创新园的定位会有所不同。在政企合作的基础上，结合各地生物医药产业发展重点与产业禀赋，设置当地创新园的主题和方向：上海是围绕医疗人工智能创新，北京则着眼于全疾病领域创新科研成果转化，成都是中西医结合现代化，杭州定位数字医疗，无锡是打造医疗健康物联网，广州定位于精准诊断，青岛是罕见病与呼吸疾病诊疗，宜兴则是特医食品。

对于研发为先的医疗创新企业来说，在前期发展过程中资金问题也是一道坎。为了解决创新企业的资金问题，阿斯利康与中金资本联合成立了阿斯利康中金医疗产业基金，该基金现已成功投资 10 余家医疗健康创新企业，储备投资项目管线充足。除此以外，iCampus 还与各地政府、国资公司及相关社会资本等联合设立 iCampus 基金，主要为 iCampus 园区及生态圈优质企业提供资本赋能，加速创新企业的发展、进一步合作协同。2022 年 10 月，广州海博特生物就获得了由阿斯利康与无锡产业发展集团、无锡国家高新技术产业开发区三方共同发起的无锡产发高创股权投资基金的投资。该轮投资将有助于广州海博特生物持续深耕与推动中药大品种培育标准体系建设、中药二次开发循证研究及人用经验院内制剂转化中药创新药等中医药技术服务业务，并与阿斯利康联动。①

在政府端，入驻企业还可获得各地 iCampus 生物医药产业的政策制定、扶持和行业引导，以及税费减免、绿色审批、企业间交流、投融资对接等支持。以无锡 iCampus 为例，江苏省药监局和无锡市政府在无锡 iCampus 内设立了专业化报批流程指导的“无锡高新区生物医药产业创新发展服务中心”，为入驻企业开通了“药械准入绿色窗口”，打造了快速审评审批服务通道，大大提升了企业落户的效率。② 受益于 iCampus 的资源协同，当地的入驻企业数量、总体产值等都得到了显著提高。iCampus 为各地引荐人才、专利及落地上市公司总部或子公司等事宜也发挥着重要作用。仅 2022 年，iCampus 就吸引 30 多家企业入驻，覆盖生物医药、智慧医疗、创新器械等多个细分领域。

---

① 动脉网. 深度解析：协同创新持续加速，阿斯利康推动的创新园做对了什么？[EB/OL]. [2025－03－25]. https://baijiahao. baidu. com/s? id＝1752902745748520747&wfr＝spider&for＝pc.

② 搜狐. 从全国布局到区域深耕，阿斯利康的创新园如何助力医疗生态圈？[EB/OL]. [2025－03－25]. https://www. sohu. com/a/519727088_133140.

iCampus 还积极参与园区生物医药政策的研讨工作，将企业对产业、人才、审批等方面的最新诉求进行整理和反馈，从而使得最具时效性的企业创新诉求与扶持政策的落地节奏紧密结合。图 8－2 罗列了阿斯利康 iCampus 为入驻企业提供的各类服务。

	当地资源	阿斯利康资源	入驻企业
无锡icampus (2019.9)	无锡市政府对生物医药产业的专项政策支持、无锡生物医药产业园区、无锡高新区生物医药产业创新发展服务中心	阿斯利康中金医疗产业基金；推进iCampus园区配套基金计划；与高瓴等头部医疗专项基金合作，为园区企业提供投融资对接平台	泰格医药、合全药业、多宁生物、观合医药、和誉生物等80余家海内外生命科学创新企业入驻
北京icampus (2021.5)	北京市科技专项支持、完整生物技术和大健康产业集群、北京经济技术开发区、联动北京基层智慧医疗创新中心	阿斯利康北部生态圈、阿斯利康北部区域总部（聚焦智慧医药科技）	领德医疗、尊颐智能和凯德尼医疗等
杭州icampus (2021.7)	全国数字经济“第一城”、丁香园等老牌数字医疗企业、阿里巴巴等龙头科技公司	阿斯利康东部生态圈、阿斯利康东部区域总部（聚焦新药研发、医疗器械、医疗数据）	亿耳、脑域奇迹、滨启医药等24家数字医疗及相关领域企业
成都icampus (2021.9)	国家（成都）生物医药产业创新孵化基地、国家中医药综合改革示范区、成都市高新区生物产业生态圈	阿斯利康西部生态圈、阿斯利康中西部区域总部（聚焦西部健康生态融合发展）、阿斯利康医药（成都）有限公司	慧医天下、易临云、双子星、智众医信等优质企业
上海icampus (2021.10)	提供上海进博会等区域内顶尖的产业对接平台、与上海市静安区政府合作共建、静安区对生物医药产业的专项政策支持	阿斯利康中国总部（上海）、全球研发中国中心	星亢原、浩煜等近20家生物医药创新企业入驻
宜兴icampus (2021.10)	长三角区位优势、宜兴市生命健康产业发展规划、宜兴国际生命科学产业园(宜兴药谷)	阿斯利康中金医疗产业基金、阿斯利康电商项目“慧医天下”落子宜兴	励成等特医食品领域企业
广州icampus (2022)	粤港澳生物医药聚集区、国家级生物医药专业孵化器（广州国际生物岛）	阿斯利康南部生态圈、阿斯利康南部区域总部（聚焦精准诊断）、阿斯利康医药(广州)有限公司	医坤生物、瑞因迈拓等优质企业
青岛icampus (2023)	青岛市生物医药及医疗器械产业园、以康养为特色的大健康产业集群	阿斯利康吸入气雾剂生产基地、阿斯利康青岛区域总部（聚焦罕见病诊疗）	（由于成立时间较短，入驻企业尚未可知）

资料来源：作者自行整理。

图 8－2　阿斯利康 iCampus 为入驻企业提供的各类服务

8.2.3　阿斯利康 iCampus 与政府主导产业园的区别

1. 阿斯利康健康创新生态圈

iCampus 能够迅速起势的核心在于阿斯利康健康创新生态圈的搭建。在这个创新生态圈中，国际生命科学创新园、中国智慧健康创新中心和阿斯利康中金医疗产业基金“三驾马车”，通过链接政、产、学、研、医、投等多方资源，形成了助力全球医疗产业创新的合力。

于入驻企业而言，加入 iCampus 不仅是加入了园区，更是加入了阿斯利康所构筑的健康创新生态圈。其一，入驻企业在成长过程中可以通过 iCampus 拥有基本的空间载体和基础设施，还可实现资源嫁接，获得包括阿斯利康及其生态圈内的临床洞察、专家网络、渠道平台等资源，从而加速自身发展。其二，入驻企业在技术研发、商业化推广方面能与全球企业真正实现“同频共振”。这是因为，阿斯利康正在形成位于上海的中国总部与六大区域总部（无锡、杭州、广州、成都、北京、青岛）相互促进、联动发展的在中国全新的战略布局，并在因地制宜推动医疗全产业链融合，激发地方经济发展潜力外，亦能促进当地医疗科技领域的国际交往和合作，使企业具有全球视野。以 2021 年落地杭州的 iCampus 为例。杭州 iCampus 主要聚焦数字医疗，这背后既是因为相关领域的市场需求，也是因为杭州在数字经济方面的深厚积淀。随着我国人口老龄化进程加快，慢病疾病人群比例不断增加，人们对于优质医疗资源的需求越来越迫切，但从供给方面看，以大三甲医生为代表的好的医疗资源增长速度是有限的，供需之间存在较大的不匹配。在线挂号、在线问诊、远程会诊、电子处方、医疗影像、辅助诊断等数字医疗技术与服务新模式不断涌现，在解决医疗资源供需不匹配方面能够发挥巨大作用。杭州所处的浙江省早在 2003 年便提出了“数字浙江”，已经在数字经济建设方面推进了超过 20 年。作为浙江的省会，杭州这个致力于打造全国数字经济“第一城”的创新城市，通过政策助力、产业培育、资金支持等，已经在探索医疗创新的路上取得了丰硕的成果。过去的 20 多年，杭州诞生了全球性科技公司阿里巴巴以及微医、丁香园、健海科技、微脉、卓健科技等知名数字医疗企业，还有包括泰格医药、华东医药、迪安诊断等在内的医疗龙头企业。数字医疗巨大的市场价值和杭州这一具有优质数字产业“基因”以及丰富医疗头部企业的土壤正是 iCampus 落地杭州的原因。不难看到，借助区域总部资源和本地优势资源，iCampus 实现了深耕特定治疗领域的区域生态圈发展的新思路，从而产生了更多可能和潜力。

阿斯利康通过构建中国智慧健康创新中心（CCIC）打造专家共研、产业共创、成果共融的诊疗一体化创新模式。具体而言，阿斯利康通过构建众创空间，吸纳相关生物医药入住，建构起创新链和创新集群，并进一步形成创新生态。目前已经引入企业 110 多家，通过政产学研医投的官方合作，支持 MNC 与地方生物医药产业的创新，形成生态赋能。

成立基金（AZ-CICC Fund），携手合作伙伴，以数量可观的资金支持创新医疗成果孵化。阿斯利康借助自身的资金优势为地方企业提供一定的资金支持，形成对地方创新药企业乃至生物医药行业资本赋能。如阿斯利康通过成立中金医疗产业基金赋能中国创新，加速惠及全球。同时，阿斯利康通过协同中国生物医药企业在巴西等进行产品注册、海外投资、链接当地医院和实验室，推动技术转移等助力中国药企出海，与阿斯利康等大型 MNC 共同推动全球生物医院创新链和创新生态发展，展现共赢多赢的合作模式。

2. iCampus 与政府主导产业园的区别

生物医药是上海贯彻落实党中央要求，集中精锐力量发展突破的三大先导产业之一，也是保障人民生命健康的支柱产业。上海生物医药产业链条齐备、创新资源富集、综合配套优势明显，产业发展在国内保持领先地位。根据《上海市人民政府办公厅关于促进本市生物医药产业高质量发展的若干意见》的要求，上海正以张江生物医药创新引领核心区为轴心，以临港新片区精准医疗先行示范区、东方美谷生命健康融合发展区、上海湾区现代制药绿色承载区（又名金海岸现代制药绿色承载区）、北上海生物医药高端制造集聚区和南虹桥智慧医疗创新试验区为依托，发挥市级特色园区品牌效应，共同构建“$1+5+X$”生物医药产业空间布局。以上生物医药产业园区主要由政府主导，而 iCampus 则是由跨国头部生命科学企业与政府合作共建的产业园。与普通的政府主导的产业园相比，iCampus 的优势得以体现。

第一，政府主导的生物医药产业园内各创新主体之间的学习交流机制并不完善，合作创新水平较低，知识溢出和资源整合现象不明显。[①] 而 iCampus 通过发挥集聚效应，吸引产业链上下游相关企业入驻，形成了产业集群，有效促进了上下游企业之间的合作。以首批入驻无锡 iCampus 的企业泰格医药及其子公司观合医药科技为例，其作为头部 CRO 服务商，在入驻 iCampus 后就为其他园区内的企业提供临床试验服务、新药研发服务、药物临床检测服务、医疗器械检测服务等专业的第三方服务。[②] 通过优势互补，园区内企业之间能够取得业务上的正向发展，实现了多赢。

第二，政府主导的生物医药产业园内风险投资等金融服务体系不健全，使得企业的研发资金受限，严重影响了创新主体创新能力和意愿的提升。[③] 而在 iCampus 里，阿斯利康则充分利用自身资源禀赋，加强与生态圈伙伴的合作联动，建立了多层次、多模式的基金体系，全面支持创新企业发展。一方面，作为创新生态圈的重要参与角色，阿斯利康与中金资本联合成立的阿斯利康中金医疗产业基金，自成立以来已成功投资 10 余家医疗健康创新企业，储备投资项目管线充足。另一方面，iCampus 与各地政府、国资公司及相关社会资本等联合设立 iCampus 基金，主要为 iCampus 园区及生态圈优质企业提供资本赋能，加速创新企业的发展、进一步合作协同。比如，阿斯利康与无锡产业发展集团、无锡国家高新技术产业开发区三方共同发起设立了无锡国际生命科学创新园 iCampus 基金，计划规模 1 亿美元，首期到位 1 亿元人民币。基金专注于投资医疗器械、诊断、数字医疗、CXO、特医食品等大健康产业优质创新企业，助力相关治疗领域的协同合作和创新进程。目前该基金已投项目包括广州海博特医药等。

---

① 滕堂伟.生物医药产业集群创新网络结构演化及其空间特性[J].兰州学刊，2015(12)：185—191.

② 东方财富网.吸引 30＋中外名企，阿斯利康推动的创新园模式如何赋能医疗产业？[EB/OL].[2025—03—25]. https://caifuhao.eastmoney.com/news/20201112103244174725350.

③ 单蒙蒙，尤建新，邵鲁宁.产业创新生态系统的协同演化与优化模式：基于张江生物医药产业的案例研究[J].上海管理科学，2017，39(3)：1—7.

8.3　案例三:美国礼来(Eli Lilly and Company)

礼来公司是一家致力于研发药物、提供创新医疗保健服务的医药公司,其总部于1876年设立于美国。1918年,礼来进入中国市场,在上海设立了第一个海外代表处。2007年,礼来在上海设立亚洲风险投资基金。2008年,礼来在上海设立中国区总部。2017年,作为第一个在中国开展大规模研发活动的跨国公司生物医药企业,礼来制药关闭了其在上海张江的研发中心。2018年,礼来在上海成立中国创新合作中心,标志着其组织形态从单纯的研发中心转变为创新合作中心,主要通过本土协作和合作伙伴关系来推动药物的前期研发,致力于通过与本土企业的合作实现协同创新,提高新药研发和生产效率,加速药品开发和上市的进程。礼来中国通过建立研发实验室、外部合作研发、风险投资,与多个本土企业建立了良好的研发合作关系。

8.3.1　礼来组织形态的转变过程

1.从生产基地到研发基地

为了更好地适应中国市场,跨国公司在沪跨国公司研发机构也在跟随中国市场环境的变化而不断改变自己的角色定位。随着跨国公司研发机构的独立决策权、创新能力、知识技术水平的提高,跨国公司在沪跨国公司研发机构的角色由生产者型逐步演化为运营中心型。① 在中国巨大的市场容量和区位优势的吸引下,跨国公司在沪跨国公司研发机构的战略地位不断攀升,除了“生产基地”和“营销基地”外,越来越多的跨国公司将职能部门和研发中心设立在中国。

以礼来为例,随着研发的投入,礼来在中国的价值链布局趋于完整,逐渐

---

① 刘鹊,章文光.跨国公司在华子公司角色定位与发展——基于竞争优势理论[J].北京师范大学学报:社会科学版,2016(5):195—204.

由最开始的生产销售等低附加值价值链环节，转变为研发、生产到商业运营的全产业链格局。礼来1996年设立的苏州制药工厂，2012年在苏州建立的第二座胰岛素生产、包装和贮藏工厂，均属于最基础的生产基地。2007年，礼来成立亚洲风险投资基金，通过扶植本土生物制药创业公司以及与本土科研机构深度合作等方式进行医疗诊治方案的研发创新，加速产品上市。2008年，礼来在上海设立中国区总部。2012年，礼来在上海成立中国研发中心，至此礼来完成包括药物早期研发、临床研究、药物生产、商业化销售、服务等环节的全价值链布局，礼来中国已成为礼来全球第二大分支机构。①

2. 从自主研发到合作研发

礼来最开始的药物研发模式基本是由礼来的内部机构提供所有的研发资源和生产要素，随着医药行业生产力的下降，传统研发模式的问题开始浮现，礼来开始积极调整其组织形态，借助本土的科学团队、企业和基础建设，共同催生全球药物研发合作模式。在合作研发模式下，跨国公司研发机构能够通过与上海高校、科研院所和本土企业等合作，推动这些主体与国际优秀跨国公司之间的互动交流，进而传播先进的技术以及实践和管理经验，提升本土科技创新能力。②

2002年和2006年，礼来分别协助成立了上海开拓者化学研究管理有限公司和上海开拓者医药发展有限公司，以此获取这两家公司提供的药物临床前研究服务。2003年，礼来与药明康德新药开发有限公司建立合作伙伴关系，获取药明康德的早期化合物筛选服务、医药生产合作服务、生产原料提供服务。礼来建立的这些合作伙伴关系正式将其药物研发从自主研发的制药公司模式（FIPCo）转变成合作研发的医药网络（FIPNet）模式。

2007年，礼来在中国设立了礼来亚洲风险投资基金，通过专家评估积极

---

① 礼来中国. 礼来中国官网[EB/OL]. [2025－03－25]. https://www.lilly.com.cn/index.html#.

② 吴启明. 政府对跨国公司创新溢出效应的影响机制研究——以在沪跨国公司研发中心为例[J]. 上海经济，2019(4)：82－93.

寻求针对中国生命科学领域的新兴企业的投资机会,也标志着礼来的组织形态从内部实体研发模式转变为外向型合作研发模式。

2008 年,礼来全球研发中国总部落户上海,体现了礼来扎根中国、深入投资的立场以及对生物医药本土公司的创新能力方面的信心。除了最基础的基金资源外,礼来为合作伙伴提供药物开发、临床研究及商业化等方面的合作机会。

2018 年 3 月 14 日在上海成立的礼来中国创新合作中心,象征着礼来的组织形态实现了从自主研发到合作研发的组织形态的转变。礼来和药明康德、和黄医药、君实生物、信达生物的共同开发、生产及商业化合作协议也体现了礼来开始实施外向型合作研发战略,通过更多的本土协作推动新药的发现与研究,加快产品的商业化进程。

2022 年,礼来中国创新合作中心的张江催化器项目正式落地,礼来通过投入资金、技术支持、提供科学咨询服务,赋能合作伙伴,实现技术赋能、投资赋能、商业赋能等创新合作模式,多维度助力本土创新药企业发展。

图 8—3 为礼来的组织形态转变图。

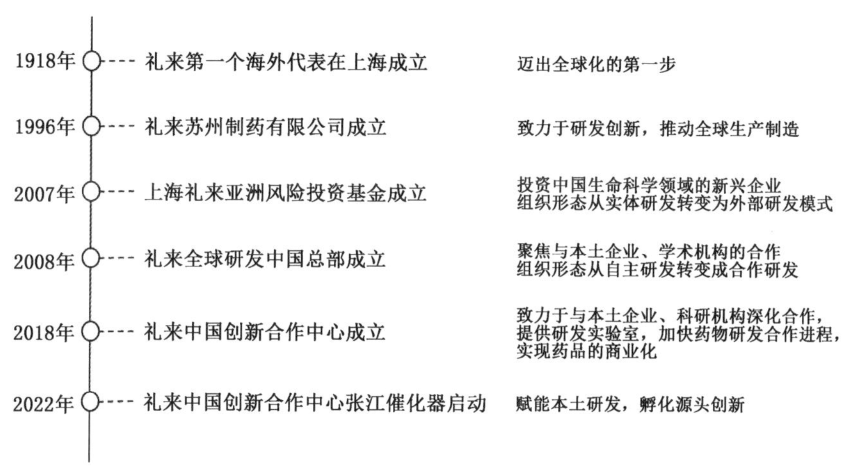

资料来源:作者自行整理。

图 8—3　礼来组织形态转变图

8.3.2 礼来的外向型合作研发运营模式

1. 本土合作,相互赋能

2010 年左右,礼来将研发策略从自主研发转型调整为“自主研发、外部合作、联合开发”的策略。2011 年,礼来于上海设立糖尿病研究中心,并与中国药科大学等高校,以及广州中山大学附属第三医院、“北京大学—礼来糖尿病眼病中心”等科研院所合作。2012 年,礼来在上海成立中国研发中心,至此礼来已完成在华全价值链布局,包括研发、生产、销售、服务等环节。礼来中国通过建设自主研发实验室、促进和管理与国内外合作伙伴的合作研发等,与和黄医药、君实生物、信达生物等中国本土药企建立了密切的合作关系。

礼来通过成熟的人才培养体系和多年的药物研发经验,赋能中国本土创新企业的发展,实现药物研发过程中技术和质量的标准化。与此同时,中国本土创新企业的扁平职能结构、灵活快速的决策流程也能刺激礼来更灵活地调整经营策略、更好地适应中国本土研发环境。

2. 对外授权,对内引进

2018 年 3 月,礼来在浦东张江设立中国创新合作中心(LCIP),其主要运营模式包括推动早期药品研发、对外授权、对内引进等多种创新合作模式。其中,对外授权模式指药企将药品或产品组合的研发、商业化或市场行销权利让给外部合作伙伴,如 2020 年 7 月礼来与和黄中国医药科技有限公司修订有关呋喹替尼药物的许可和合作协议,礼来将药物在中国市场的医学信息沟通、推广以及市场活动的商业化权力授权给和黄医药。[①] 此外,2020 年信达生物与礼来签订雷莫西尤单抗和塞普替尼协议,礼来将这两种药品在中国进口、销

① 美通社 PR-Newswire. 和黄医药携手礼来制药合作推动爱优特(R)在华商业化[EB/OL]. [2025—03—25]. https://www.prnasia.com/story/286559-1.shtml.

售、推广和分销药品的独家商业化权利授权给信达生物。[①] 礼来还实施了外向型合作研发战略,将其研发环节外包。比如,礼来和药明康德达成合作,共同在中国开发、生产及商业化一款降血脂新药,优化调整其在华价值链中的附加值高端研发环节。

3. 为受孵化企业提供专业服务

礼来中国创新合作中心(LCIP)通过建设自主研发实验室以及与中国本土企业、大学以及研究所等多方面的合作模式,将礼来制药经验融入中国本土创新研发的进程中,为合作企业提供研发实验室等研究工具,加快药物研发合作进程,实现药品的商业化,如为高诚生物提供研发服务,为菲鹏生物提供融资服务,为沙砾生物提供实验室和技术支持等,实现了技术赋能、投资赋能、商业赋能等创新模式,推动了中国本土医药产业的创新发展。

2022 年 2 月,礼来中国创新合作中心位于上海张江的催化器投入使用,以创新合作模式为受孵化企业提供礼来亚洲投资基金、创新实验室和平台、科学咨询服务,以此多维度扶持具本土生物医药企业的研发与创新。

本书选择四个与礼来深度合作的企业(如图 8—4 所示),纵向以与礼来的合作时间为参考,列示与礼来进行合作的中国本土医药企业,横向按照礼来提供的资源绘制。

8.3.3 礼来外向型合作研发战略的特色

礼来于 2018 年 3 月在上海成立中国创新合作中心的举措体现了礼来将其研发环节外包的外向型合作研发战略,通过和本土企业的共同研发、生产及商业化过程,礼来对其在华价值链中附加值高端研发环节进行不断的优化调整,实现了研发环节中的降本增效。

---

① 新浪财经. 信达生物与礼来深化肿瘤领域战略合作[EB/OL]. [2025—03—25]. https://finance. sina. com. cn/roll/2022-03-28/doc-imcwiwss8503990. shtml.

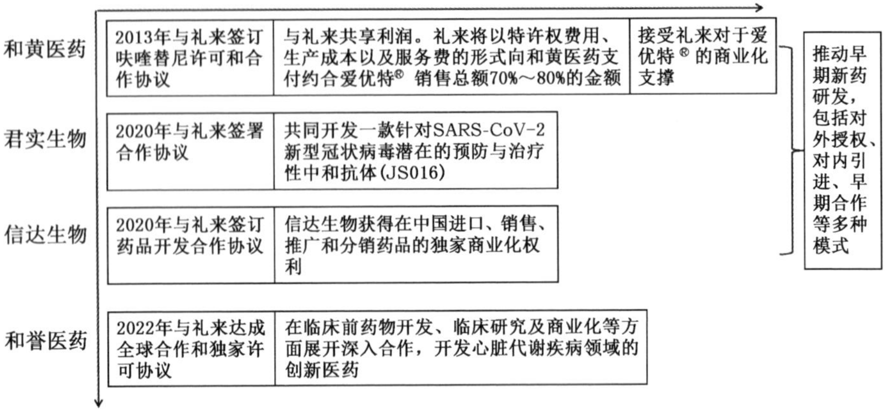

资料来源:作者自行整理。

图 8—4 礼来与本土企业的合作

1.降低生产成本

2015 年中国发布药品价格改革意见提出:“取消药品政府定价,实际交易价格主要由市场决定。”2019 年,国务院宣布将加速药品集中带量采购,强化对药品价格的监管,并加速纠正生物医药企业的不合理涨价行为。一系列政策的发布使跨国药企的利润大幅下滑,礼来也受到一定的冲击。中国新药的平均研发成本不断上涨,20 世纪 70 年代至今,单个新药研发费用从 1.79 亿美元增加到了 26 亿美元①,一种药物进入 I 期临床通常需要经过 10 年以上的筛选和评估,前期投入巨大,但只有约 8%的新药能顺利进入药品市场。同时,中国的人力成本也在不断上涨,以美国人均工资为基数,中国人均平均工资已经从 2000 年的 33%,在 2019 年上涨到了 71.21%。② 礼来对于在华研发环节的优化调整预计为公司每年节省约 5 亿美元的成本,这部分资金不仅能

① 观研报告网.中国医药研发行业市场影响:创新药物研发仍然呈持续上升趋势[EB/OL].[2025—03—25]. https://free.chinabaogao.com/yiyao/201810/1030313542018.html.

② 秦庆.全球价值链重构背景下中国引进外资的挑战、机遇与策略[J].对外经贸实务,2020(8):85—88.

够用于改善公司成本结构，还可以用于推出新产品、扩大新产品线的临床研究规模等投资。礼来对于研发环节的优化调整能使公司更好地进行变革以及应对政策带来的不利影响，降低固定成本，以便投资下一代新药研发，同时简化全球业务架构，实现收入的快速增长，保持产品线上的新药储备。[①]

2. 提高生产效率

上海凭借雄厚的科研基础和丰富的医院资源，成立了大量为国内外企业提供药物研发外包服务的企业，成为吸引跨国生物医药企业设立创新合作中心的主要推动力。在过去的十多年，礼来已与和黄医药、君实生物、信达生物等中国药企建立了密切的合作关系，以期与中国生物药企及本土企业建立更密切的合作关系，使资源得到最广泛的利用，增强生产效率，加速药品开发和上市的进程。[②] 比如，2022 年 3 月，礼来与信达生物达成协议，共同致力于在中国开发、生产及销售莫西尤单抗（商品名：希冉择）和塞普替尼（Retsevmo），信达生物将获得在中国进口、销售、推广和分销这两种药品的独家商业化权利。

3. 加快数字化创新

2020 年 2 月，因疫情影响，礼来为患者提供互联网医院平台专业医生问诊服务，患者在开具处方后，处方将第一时间下单到线下药店，同城配送至患者家中。礼来的一站式医生服务平台“礼医”，还能通过向医疗卫生专业人士提供准确及时的医学信息，有效助力全国各地的临床一线医护人员，在抗击疫情的同时更有效地为患者服务。

此外，礼来积极推进人工智能、云计算等技术在医疗健康领域的创新应用，探索以技术创新赋能医疗健康，通过加快数字化创新推动礼来价值链往高

---

① 搜狐网. 外企怎么啦？礼来制药确认关闭中国研发中心，GSK 将逐步关闭苏州工厂！[EB/OL]. [2025－03－25]. https://www.sohu.com/a/191179106_464397.

② 浦东时报. 礼来中国创新合作中心在上海成立[EB/OL]. [2025－03－25]. http://www.pd-times.com.cn/html/2018-03/27/content_3_1.htm.

附加值升级，助力"健康中国 2030"规划纲要的实施，最终造福广大病患。[①] 2020 年 12 月，礼来和微软中国在上海签署合作合同，旨在将人工智能应用到医疗健康行业，加快研发成果的市场营销进程。

8.4 案例四：德国默克（Merck KGaA）

默克成立于 1668 年，总部位于德国达姆施塔特市，主要致力于创新型制药、生命科学以及前沿功能材料技术三大领域的研究。2017 年，默克在上海浦东成立了亚太区 BioReliance© End-to-End 生物工艺开发中心，此后，默克陆续在上海设有显示材料研发中国中心、外观科技应用技术中国中心、OLED 技术中国中心、生命科学实验室、默克上海 M Lab™ 协作中心。2021 年，默克在全球建立的首个向初创企业开放的创新协作平台默克上海创新基地也投入运营，旨在为医药健康、生命科学、电子科技以及人工智能等新兴跨领域的创新项目和初创企业提供孵化服务。目前，默克已进入跨业务领域的交叉创新阶段，从原本注重内部研发，转向为开放式创新和风险投资发展模式。

8.4.1 默克组织形态的转变过程

默克于 1933 年入驻中国市场，其中国分公司的主营业务是在中国市场上推广默克的药物和化学药品。2009 年，默克在上海设立了研发中心，但当时仅仅将该中心的组织功能定位为支持总部的研发体系。[②] 2015 年，中国开始实施药品审评审批新政，为了应对药品专利保护到期的挑战，加上中国本土生物医药领域企业的快速发展，默克积极调整了在华产业价值链，开始在中国进

① 搜狐网. 独家专访礼来中国 CIO：药企数字化创新的三大驱动因素_柳晨[EB/OL]. [2025－03－25]. https://www.sohu.com/a/256821900_104421.

② 中国青年报. 外资企业十年之变：共享高质量发展红利[EB/OL]. [2025－03－25]. https://baijiahao.baidu.com/s?id=1746977298965283059&wfr=spider&for=pc.

行公司早期的临床开发项目。2017 年，默克上海亚太区 BioReliance© End-to-End 生物工艺开发中心成立，与从事生物药开发和生产企业建立合作伙伴关系，为医药、生物制药和生命科学行业提供技术支持与科学家的专业指导，体现了默克积极与外部企业合作创新的决心。

加速器是科技创新型企业的重要载体，通过为具有发展潜力的科技企业提供公共服务平台、公共技术平台、融资平台等专业服务，加速器能够聚集高端技术人才、促进科技自主创新。① 加速器可以定向选择特定行业的潜在发展空间较大的企业，为该类企业提供办公和实验空间、配套设施、政策咨询服务、投融资服务、人力资源服务、技术服务、市场网络服务等，为企业创新创造良好的氛围。此外，加速器促进了入驻企业与金融中介机构、研发机构、咨询机构、政府组织等的交流和沟通，能够为企业的科技创新进程提供资金等有形资源以及信息等无形资源。

2019 年，位于上海浦东的默克中国加速器正式开启加速阶段，通过项目前期报名及默克内部专家甄选，默克为青睐的初创企业提供专家及内外部资源支持，帮助初创企业更好地落实科技创新，并加快产业化进程。默克进入了与初创企业共同开拓新的研究领域，探索全球市场的组织形态转变阶段。2020 年，默克全球最大的生命科学中国技术与培训合作中心 M Lab™ Collaboration Center 于上海成立，该合作中心借助默克的生产制造经验、全球专家网络，从本地化的制造、本地化的供应、本地化的人才三个维度，大力赋能中国生物制药和生物制剂公司的创新活动。② 2021 年，默克上海创新基地正式投入运营，默克正在不断地加速本土化合作研发进程，搜寻、孵化和投资与默克业务领域相关的创新项目。

充足的物质保障和资金支持，能够为企业开展创新活动提供更多的创新资

① 徐广辉. 科技企业加速器运营机制比较及对广西的启示分析[J]. 现代信息科技，2019，3(20)：194－195，198.

② 知乎. 默克与互创联合签署创新项目合作，共同推动人工智能在辅助生殖领域的应用[EB/OL].[2025－03－25]. https://zhuanlan.zhihu.com/p/350305892.

源，加速创新知识和技术的流动。为了提高生产效率，改善产品质量，部分跨国公司研发机构会选择通过资金扶持等方式，对本土企业的创新行为产生正向影响。[①]默克通过成立“默克中国种子基金”“AI＋”创新超新星项目选拔，与初创公司和科研人员进行合作研发，为处于种子轮阶段的中国初创公司提供投资基金。

此外，为了加快药品的开发速度，用先进的设备和资源孵化中国生物制药行业的发展，2021 年 11 月，默克启动了无锡一次性技术产品生产基地新产线；2022 年 4 月，默克投资 1 亿欧元，扩大其位于无锡的 Mobius© 一次性技术产品制造基地，旨在提高生物制药的制造、设计、服务的能力，并为本土人才队伍的建设赋能，孵育本土企业的源头创新。

8.4.2　默克中国加速器的运营模式

1. 通过项目选拔为初创企业提供资金

2019 年 10 月，默克成立金额为 1 亿元的“默克中国种子基金”，推动本土中小企业基础研发成果转化，实现与本土创新生态的互惠共赢。该基金主要通过筛选与默克相关业务领域，如医药健康、生命科学、电子科技以及人工智能等方面的创新项目，为处于种子轮阶段的中国初创公司提供每笔投资金额在 500 万至 1 000 万元人民币的基金，帮助初创企业在一年半到两年内达到下一个估值点。[②]

2020 年 6 月，默克开启 2020“AI＋”创新超新星全国“人工智能＋”卓越项目选拔，主要通过项目选拔，与最终脱颖而出的初创公司和科研人员进行本土合作。如 WisionAI 微识医疗在选拔中摘取了超新星奖，后续将获得项目合作资金、早期投资等默克创新支持，以科技创业投融资等张江集团资金支持。[③]

---

① 诸竹君，黄先海，王毅. 外资进入与中国式创新双低困境破解[J]. 经济研究，2020，55(5)：99—115.

② 搜狐网. 默克设立 1 亿元人民币种子基金，助力中国初创企业_创新中心[EB/OL]. [2025—03—25]. https://www. sohu. com/a/349044691_825950.

③ 澎湃新闻. AI＋创新！这个创新基地在浦东张江启动建设[EB/OL]. [2025—03—25]. https://www. thepaper. cn/newsDetail_forward_10059770.

2. 提供技术、实验室和专家分析指导

2017 年,默克在上海浦东成立了 BioReliance© End-to-End 生物工艺开发中心,该中心主要为位于中国和亚太地区的资源和基础设施有限的生物制药公司提供临床药物商业化生产研发、质量监管和培训等完备服务,从而推进早期临床开发项目。比如,为上海岸迈生物制药公司提供技术支持以及科学家专业指导,助力加速药物开发,改善患者用药方案;与凡恩世生物正式合作,建立紧密的药物开发和生产合作关系,为凡恩世生物提供涵盖药物开发、制造和商业化的 BioReliance© End-to-End 生物开发解决方案。默克 BioReliance© End-to-End 生物工艺开发中心旨在解决生物制药公司各个阶段从分子开发到药物商业化生产的关键问题。

2020 年,默克上海 M Lab™ 协作中心成立,该协作中心设有一间综合实验室,提供非 GMP(药品生产质量管理规范)实验室空间,既提供技术定制解决方案,也为制药和生物制药制造商等客户群体提供实验室管理软件、实验制剂材料、专家指导培训课程,帮助生物制药和生物制品公司改进药物发现、开发、制造等工艺,从而节省成本,并加快产品市场化销售进程。[①]

3. 孵化本土企业

2019 年起,默克开展为期 3～6 个月的默克中国加速器项目,为受孵化的企业提供内外部资源支持、专家指导、项目的潜在融资、定制化培训以及 5 万欧元的资金支持。在孵化过程中,有意向且符合要求的初创企业将有机会参加默克德国总部的国际交流项目,进一步获得风投机会、全球网络资源支持,拓展欧洲市场。

2021 年,位于上海张江的默克上海创新基地正式投入运营。作为浦东新区首批认定的 20 家大企业开放创新中心之一,默克上海创新基地依托默克领先的科技产业资源和张江科学城的创新生态资源,加速、孵化和投资医药健

① 美通社 PR-Newswire. 默克在上海开设最大的 M Lab™ 协作中心[EB/OL]. [2025－03－25]. https://www.prnasia.com/story/285037-1.shtml.

康、生命科学、高性能材料等领域的初创公司项目和产学研项目等，实现与本土创新生态的互惠共赢。默克上海创新基地致力于推动中国本土市场的创新，在项目早期阶段，默克上海创新基地的孵化项目将受到默克中国创新委员会的审评，在项目发展到一定阶段后，孵化项目将进一步由默克全球创新委员进行评估，双环节的评估既能够确保项目在早期的自由度，又有助于激励更多具有本土特色的创新项目。

2021 年，默克创新中心设立针对类器官领域的研究资助计划，大橡科技作为中国领先的研发和生产人体器官芯片的前沿科技公司入选默克孵化项目名单，获得资金支持，以及与默克内部专家共同合作的机会。①

图 8—5 罗列了 5 种默克的运营模式（该图纵向按照默克各个运营模式的创立时间绘制，横向按照各种运营模式为本土企业提供的服务进行绘制）。

资料来源：作者自行整理。

图 8—5　默克为本土企业提供的各类服务

① 大橡科技.大橡科技入选“默克中国加速器”第三期项目[EB/OL].[2025－03－25]. https://daxiangbio.cn/news/92.html.

8.4.3　默克加速器对本土企业的赋能

1. 提高药品质量和安全性

默克 M Lab™ 协作中心为客户群体提供工艺开发支持实验室空间、药品生产质量管理规范实验室空间,有助于客户与默克内部专业科学家和工程师协同工作,解决关键的工艺开发和生产挑战。该协作中心提供的实验室数字平台能够实现自动化工作流程和云连接实验室仪器,既可以帮助科学家提高效率和改进工艺,提高药品质量,也减少了研究人员手工传输和记录数据的工作必要性,减少人工错误,提高药品安全性。

2. 提供内外部资源

默克中国创新中心实现了从内部研发到开放式创新的组织形态模式转变,该中心从技术的开发者转变为技术的发现者与合作伙伴,并为更多有潜力的本土公司提供资源,创造价值。

默克对合作伙伴提供多维度的资源,包括内部专家分析与指导、项目的潜在融资机会、定制化培训课程、投资基金以及默克创新中心在上海和广州的联合办公空间等。默克不仅与孕橙、大橡科技、上海岸迈生物制药公司、凡恩世生物等本土生物医药企业进行外源式合作创新,也与 30 多家中国本土大学和医院建立了合作伙伴关系,合作伙伴包括清华大学、上海科技大学和同济大学等知名高校和科研院所。此外,默克与政府、行业协会也保持紧密的合作关系,除基金会和默克中国种子基金外,默克共计开展五届默克医学大会,通过与初创企业、学术机构、行业协会和政府建立合作伙伴关系,整合默克集团与合作伙伴在各自相关领域的独特技术和专业技能,开发创新技术,为本地创新人才、合作伙伴和默克员工提供创意激发培养和创新孵化支持,实现合作共赢。

3.搭建互联网平台

默克中国创新中心关注默克现有业务领域之间和之外的交叉研究领域,它的重点关注领域为人工智能赋能的健康解决方案,如川源信息科技、闪易半导体、水木未来、小白世纪网络科技等科技服务公司均在默克2020“AI+”创新超新星脱颖而出,获得资金支持和孵化机会,利用人工智能技术实现多领域的医疗应用创新。通过打破边界,与这些企业的创业项目进行外源式创新合作,默克中国能够综合利用顶尖技术和现代科技,全面赋能精准医学产业链,促进我国分级诊疗,推动智慧医疗改革。

总而言之,作为一个孵化平台,默克上海创新基地能够链接、引进、加速、孵化电子科技和人工智能等新兴跨领域的创新项目和初创企业。默克创新中心孵化器可以集聚各种资源,实现价值链的横向和纵向的整合,进而形成价值网络,帮助入驻企业通过跨界合作实现创业项目的互补,同时使得默克自身管理工作、宣传营销推广工作更加便捷,从而提高创业团队运营管理效率,节约人力财物成本。

8.5 案例五:瑞士罗氏(Roche)

罗氏成立于1896年,总部位于瑞士巴塞尔,是世界领先的以研发为基础、以创新为驱动的制药和诊断领域医疗公司之一。作为最早一批在华建立研发中心的生物医药公司,自2004年以来,罗氏不断调整在我国上海的战略布局,从研发中心到创新中心的转变,从药品开发中心到全球五大药品开发中心之一,罗氏以包容、开放、共担、优先的理念积极挖掘中国市场的潜能,寻求与外部科研机构、学术机构、医院、初创企业等平台的合作,推动生物医药实现创新研发方面更多的突破。2021年,隶属于罗氏中国创新中心的罗氏中国加速器正式启动建设,落地上海张江,不少有潜质的生物医药初创企业通过层层筛选成为加速器成员,进入孵化阶段,助力本土生物医药研发创新加速。

8.5.1　瑞士罗氏研发组织形态的转变过程

1.从内部研发组织形态到合作研发组织形态的转变

自2001年加入世界贸易组织后,我国医药产业发展规模不断扩大,生物医药类跨国公司也争相在中国进行研发工作的战略布局。2004年,瑞士罗氏制药在中国成立研发中心,成为跨国药企在上海独资建立的第一个研发中心。该研发中心的功能定位主要是开展全链条的药物开发工作,即从早期药物探索设计到后期临床开发,直至上市注册申请。罗氏研发中心虽落户于中国上海,但彼时其主要的战略目的是依靠我国当时低廉的劳动力布局其全球研发网络,推动促进"中国制造",加速其全球化的步伐,较少考虑借助我国本土研发能力、本土患者以及医疗等情况。2007年,罗氏创建全球药品开发中国中心,该中心于2009年升级为罗氏五大全球药品开发中心之一,功能定位主要是推动罗氏创新药品在中国的后期临床开发及注册。罗氏全球药品开发中国中心秉持"为中国患者加速"的理念,致力于在中国市场满足更多中国患者的需求。成立至2013年年底,开发中心已经加入超过18 500名中国患者,并与全国360多家医疗机构开展了260多项全球性以及全国性的临床试验合作,成功将20个罗氏全球创新药品的50多个适应症加速在中国开发及上市。

享受到中国生物医药行业以及中国人口的红利后,2015年罗氏进一步扩大在华的研发规模,投资8.63亿元在浦东张江成立罗氏上海创新中心。据罗氏制药官方表示,截至2016年,从研发成果来看,罗氏上海研发中心已经申请发明专利160多件,其中获得授权的超过80余件;从全球化发展来看,罗氏制药在华销售额达到108亿元,占其全球销售额的4.1%,中国是其仅次于美国和德国的第三大市场。2017年上半年罗氏制药在华的销售额占其全球销售额的19%,更是为罗氏进一步扩大在华的布局增加了信心。

2019年，罗氏集团在浦东张江科技园区另外选址，将其罗氏上海研发中心全面升级为罗氏上海创新中心。罗氏上海创新中心（Roche Innovation Center Shanghai，RICS），主要专注于研究乙肝等相关领域的创新药品，但此次升级却是“中国制造”向“中国创造”的升级，也是罗氏研发由内部到开发合作的转变。RICS官方称其将助力中国研发，推动中国研发水平走向全球，打造全球顶尖的研发中心。2021年，我国生物医药初创企业奕拓医药与罗氏上海创新中心达成早期研发合作协议，共同推动蛋白质液—液相分离小分子抑制剂的开发，为肿瘤患者提供新的治疗策略，实现由内部自主研发到对外互利合作的模式转变。同年，作为表观遗传治疗领域的前列初创企业塞岚医药也与罗氏上海创新中心达成研发合作，一方面借助罗氏中国加速器这一孵化平台在专家指导、办公空间等方面助力塞岚医药实现First-in-Class靶点的重点突破；另一方面，罗氏也可以利用塞岚医药的技术平台和医学基础在遗传领域深耕。

2022年，为进一步扩大中国市场的规模，加速惠及中国患者，罗氏集团追加了近2.5亿元投资，将罗氏上海创新中心升级为罗氏中国创新中心（China Innovation Center of Roche，CICoR），该中心拥有新药研发的独立决策权。依托中国庞大的患者群体，CICoR与全球研发相关部门合作推动药品研发以及临床试验，共同促进相关领域药品的创新升级。截至2022年年底，CICoR与全球研发相关部门的合作进展顺利，9款药物分子相关研发已经推进到临床试验阶段；与罗氏集团内部其他的研发部门密切合作，提升早期临床开发能力，加速药物分子研究向临床推进；与学术机构、医院、生物技术公司、合作研究组织和卫生监管机构等合作，合力推动药品产业化、商业化研究开发。2022年，已在罗氏中国加速器内受孵化的奕拓医药再次与升级后的罗氏中国创新中心达成早期研发合作协议，在罗氏提供的学术、研发、商业等方面的实质性帮助下，奕拓医药研究新成果频出，2022年在多种国际顶尖期刊上发表蛋白质液—液相分离相关的研究成果，罗氏制药也凭借奕拓医药的LLPS技术平台在小分子分离药物领域赢得突破。2023 年下半年,在加速内孵化的包括剂泰医药、塞岚医药在内的初创孵化公司针对 CICoR 的研发项目取得阶段性进展。除孵化器内企业外,CICoR 也积极推动与外部生物医药公司的合作开放工作,例如 2024 年 1 月,罗氏中国创新中心也与苏州宜联生物医药有限公司达成了罗氏与中国本土创新药企达成的第三份全球合作和许可协议。图 8—6 对罗氏中国成立以来组织形态的转变进行了描述。

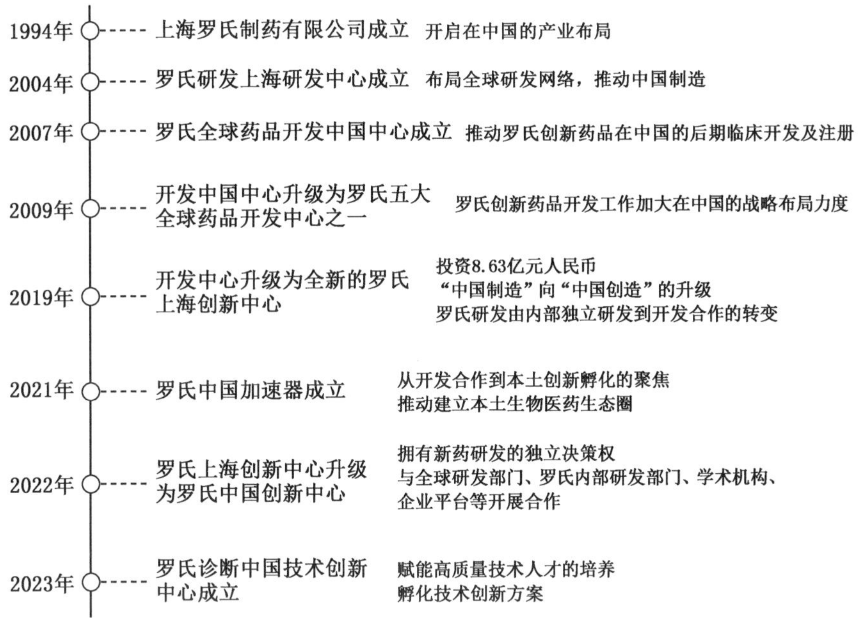

资料来源:作者自行整理。

图 8—6 罗氏组织形态转变图

2. 从合作研发组织形态到本土孵化创新的聚焦

伴随着 2021 年浦东大企业开放创新中心计划的正式启动以及罗氏制药在中国投资布局的扩大,罗氏集团携手高瓴创投以及张江集团投资近 3 亿元打造罗氏中国加速器,功能定位主要为赋能中国本土生物医药企业的创新研发,推动中国本土生物医药生态圈的建立。罗氏中国加速器积极邀请年轻的初创公司加入,在分享加速器这一共享空间的同时为这些初创公司提供罗氏内部科学指导、资金支持、商业开发等方面的支持。与此同时,罗氏中国加速器也符合浦东大企业开放创新中心(GOI)对于加速器的相关要求:具备开放意识与路径,能够与外部共享自身资源,建设双向开放通道以及有意向建设外部创新合作载体。2021 年下半年,我国初创生物医药企业塞岚医药、奕拓医药、安锐生物、SQZ China 以及科因生物加入罗氏中国加速器,成为加速器成员。在加速器内,罗氏为这些初创公司提供实验设备、管理团队、科学顾问以及办公区域。以科因生物为例,在加入加速器以后,科因生物在研发过程中获得了来自加速器内部专家的定期实验数据分析、方案设计等指导,成功搭建了基于第一性质原理的药物设计平台。奕拓医药作为第一批加入加速器的成员,与罗氏上海创新中心、罗氏中国创新中心(原罗氏上海创新中心)两次达成早期研发合作协议,加速器为奕拓医药提供学术、研发、商业化等方面的实质性帮助,加速奕拓医药研发的步伐。此外,当初创企业进入融资阶段,加速器也会帮助其与专业投资机构有效沟通对接。例如,2022 年加入加速器的华深智药完成的近 5 亿元 A 轮融资中包括来自加速器的战略合作伙伴高瓴创投的跟投;2023 年加入的贝普奥生物也享受到高瓴创投在其 PRE-A 轮融资的加注。截至 2023 年 12 月,罗氏中国加速器在孵初创企业共有 17 家,已有超过 8 家企业在药物研发方面取得阶段性进展(如图 8—7 所示)。

研发创新意味着不确定性以及高风险性,而罗氏加速器始终秉承风险共担的理念,与成员企业并肩合作,一起突破从 0 到 1 或从 1 到∞的难关,从源头到临床开发予以全力支持,在助力成员企业破解难题的同时,罗氏制药自身也能节省研发开支和时间成本。罗氏加速器的成立是罗氏在中国从开放式创新到本土孵化的聚焦,专注于推动本土生物医药研发合作的模式转变,对于初创企业以及罗氏制药自身都是一项有益的转变升级。

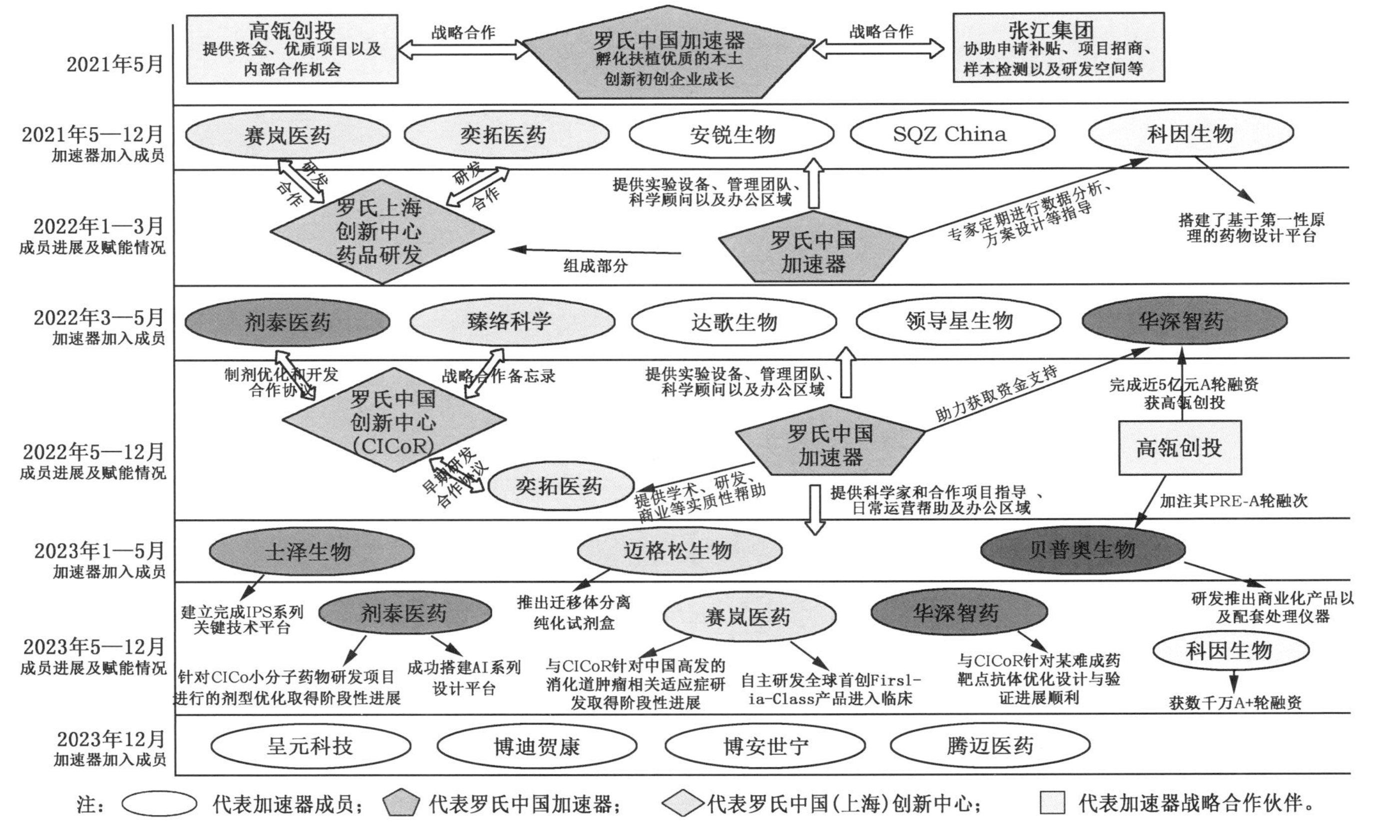

注：○代表加速器成员；⬟代表罗氏中国加速器；◇代表罗氏中国（上海）创新中心；□代表加速器战略合作伙伴。

资料来源：作者自行整理。

图8—7 罗氏中国加速器孵化情况

8.5.2　瑞士罗氏创新中心的研发模式

1. 以创新中心为主体展开研发合作

瑞士罗氏在中国的研发组织形态由最初的研发中心转变为罗氏上海创新中心,后又进一步升级转变为罗氏中国创新中心,其对于研发创新的包容度不断扩大,实现了由最初的“中国制造”研发模式到现在更多从中国患者的角度出发赋能本土研发的转变。而罗氏中国创新中心现为罗氏创新研发下的一个大系统,内部包含罗氏中国加速器、罗氏诊断创新中心等。从近几年罗氏加速器内部成员的孵化赋能情况看,成员企业绝大部分都会与罗氏中国创新中心或原罗氏上海创新中心签订研发合作协议,孵化成员与罗氏属于互利共赢的关系,一方面,孵化初创企业需要针对罗氏中国创新中心的合作要求在协议时间内达成一定研发目标;另一方面,罗氏也为在孵初创企业提供在加速器内的各方面支持。以 2022 年加入加速器的剂泰医药为例。剂泰医药在加入加速器后不久就与罗氏中国创新中心达成关于制剂优化和开发的合作协议,2023 年,剂泰医药针对中国创新中心的小分子药物研发项目进行的剂型优化取得阶段性进展,其自身也成功搭建了 AI 系列平台。除与孵化器内成员合作,罗氏中国创新中心还积极开展与外部生物医药企业、学术机构等形成研发合作。2024 年 1 月,罗氏中国创新中心与苏州宜联生物医药有限公司达成全球合作和许可协议,也是罗氏创新中心本土布局的重要表现。此外,罗氏积极与医院等平台合作,罗氏与复旦大学附属中山医院合作开发的“肝癌数字化辅助决策模型”在 2023 年第六届进博会上对外展示,通过与本土医院的合作推动肝癌诊疗方面的体系建设。截至 2023 年上半年,基于罗氏中国创新中心产生的发明专利已达 300 件,其中一半以上已经在中国、美国、欧盟和日本获得专利授权。

2. 以战略合作伙伴为媒介提供外部资源

罗氏加速器是瑞士罗氏制药于 2021 年正式启动的孵化平台，启动建设当年，高瓴创投和张江集团就以战略合作伙伴的形式与罗氏共同进步与发展。高瓴创投作为高瓴集团旗下专注于早期创新型公司投资的创业投资基金品牌，为不少初创企业提供过融资支持和加注，其投资领域广泛，其中 HCARE 就是其专注于生物医药领域投资的模块。凭借与高瓴创投的合作，罗氏加速器内的企业成员能够在融资、优质合作项目等方面获取优先级的支持，而且经过罗氏层层筛选的成员都是生物医药行业内有潜质的种子选手，高瓴创投对投资的把握也更精准一些。就罗氏加速器成员企业华深智药来看，2022 年华深智药宣布完成的近 5 亿元的 A 轮融资中，高瓴创投作为天使轮投资持续加注，助力其持续深耕 AI 新药开发。

2021 年浦东新区正式发布“大企业开放创新中心（GOI）计划”，该计划链接大企业与中小企业，通过大企业的创新资源和网络优势为初创企业提供融资渠道、技术支持、人才引进渠道等。而张江集团作为张江高科技园区开发与建设的负责方，通过共同投资、联合运营、开放合作等形式与超过 20 家 GOI 企业形成合作，其中就包括以赋能本土初创企业孵化的罗氏中国加速器。张江集团为罗氏加速器提供研发空间、项目招商并协助加速器内成员申请获得 GOI 计划的补贴。在加速器内孵化的成员企业在研发过程中能够实现从 0 到 1 的突破离不开张江集团的帮助和支持。

3. 以罗氏中国加速器为平台孵化本土企业

为响应浦东新区的 GOI 计划并进一步扩大在华生物医药规模，罗氏于 2021 年投资建立罗氏中国加速器，2023 年 8 月，罗氏中国加速器正式挂牌落地（即原罗氏上海研发中心）。罗氏中国加速器隶属于罗氏中国创新中心，建设该加速器的初衷就是为本土生物医药初创企业创新赋能加速，借助该平台提供与罗氏内部专家、研发部门以及其他初创企业等交流合作的空间、产业成果转化团队、优质的项目资源以及资金资助、先进的医疗器材和实验设备等，全方位多层次地助力本土初创企业在各自擅长专注的领域取得进一步突破。罗氏中国加速器成立两年多来，有 17 家本土初创企业经过严格的筛选标准成为加速器内的成员企业，加入的成员企业一般都具有一定的研发成果，加入罗氏中国加速器更多是利用罗氏内外部资源推动早期研发向临床应用的转化助力。

罗氏中国加速器主要有以下几个方面的独特之处：

(1)聚焦颠覆性创新。罗氏中国加速器坚持将颠覆性创新作为筛选成员企业的重要标准，即加入加速器的初创企业具有能够发掘领域内同类首创的潜力或者已经具备划时代影响力的科学和技术，通过筛选出具备“颠覆性创新”能力的初创企业助力其从早期研发实验转外为新一代药物或相关诊断技术。

(2)同初创企业开展实质性合作。罗氏中国创新中心(或罗氏上海创新中心)每年都会与加速器内的成员企业达成早期研发合作协议，以 2021 年加入加速器的奕拓药业为例，奕拓药业在加入加速器两年内与罗氏中国创新中心达成两项早期研发合作协议，通过与罗氏科学家的紧密合作推动其专攻的小分子抑制剂加速推进科研到药物的成果转化，满足全球患者的临床需求。罗氏加速器的“加速”二字归根到底意味着加速企业成长发展，能够加入加速器的成员往往拥有一个点的创新，但是制药的过程是漫长且立体的，罗氏加速器为成员企业由创新“点”实现到“线”和“面”的立体覆盖弥补了不足、提供了实质性帮助。

(3)自主决策共担风险实现双赢。能够加入加速器的成员企业具备颠覆性创新能力，颠覆性创新必然意味着高度的不确定性以及失败率。罗氏加速器在管理上以项目制为基础，打造独特的开放式创新，不干涉企业内部运营，尊重初创企业的知识产权与研发意愿，但与初创企业形成早期研发方面的风险共担。凭借罗氏内部的经验以及团队资源支持和背书,成员企业能够更为顺利地解决早期研发的风险性问题,而罗氏也降低其在该领域投入的人力物力财力成本,助力罗氏在一些药物小分子领域加速研发步伐。罗氏中国加速器不仅拥有高度的自主决策权,还拥有罗氏中国创新中心这一强大的后盾背书,有能力也有实力与成员企业形成风险共担。

8.5.3 瑞士罗氏在华可持续研发的优势

1.拥有优越的场地空间资源

瑞士罗氏自 2004 年起就在我国建立研发中心,现在上海有两处实体大楼,一处是位于上海市浦东新区的罗氏中国创新中心,另一处是位于上海市浦东新区的罗氏中国加速器。在浦东张江科技产业园区,瑞士罗氏受到张江集团的支持,拥有得天独厚的场地空间优势。以罗氏中国加速器为例,大楼于 2023 年 8 月在原罗氏上海研发中心地址处重新建设完工,从 2021 年投入建设到 2023 年正式建成,历时两年精心打造的罗氏中国加速器位于浦东新区张江高科技园区核心地带,占地面积超过 5 000 平方米。罗氏加速器大楼呈现多元化格局,拥有办公室、实验室以及公共休息空间等不同的配置场所,各个空间紧密连接又不拘谨,为加速器内成员企业在内孵化合作提供了便捷舒适、功能设施完备的空间环境。在研发工作方面,加速器内配备了先进软件和硬件设备的实验室,极大地降低了成员企业对实验设备的购入成本,加速从科研到成果的转化,提高“颠覆式创新”实现的效率。在研发人员工作舒适度方面,加速器也秉持罗氏可持续发展理念,购入了符合人体工程学设计的家具,使得成员企业可以获取最为舒适且自在的“研发人姿势”,从而激发研发灵感,推动研发创新。与此同时,加速器大楼也采用了诸多环保安全技术,在围护结构、照明系统、大楼温度控制等方面均有所体现,为成员企业营造绿色可持续的舒适环境。

此外,超过 5 000 平方米的大占地意味着成员企业容纳能力强,截至 2023 年年底,共有在孵初创企业 17 家。每个成员企业在加速器内拥有一定的独立研发空间,加速器内的专家以及罗氏内部研发的专家会定期或不定期地提供指导。成员企业除了能够与行业专家面对面直接交流,加速器提供的巨大空间其实也为我国在内孵化的不同初创企业提供相互交流学习以及研发思想碰撞的机会。罗氏加速器还会组织成员企业举行研发分享,也会开展开放日等活动邀请初创企业代表、投资人、生态伙伴等走入加速器大楼,感受加速器赋能产业的差异化优势,也可以通过与行业相关专家的分享交流提高生物医药创新发展的加速度。

2. 拥有坚实的中国研发基础

瑞士罗氏于 1994 年在上海张江正式成立上海罗氏制药公司,成为入驻张江高科技园区的首家跨国公司。此后,罗氏不断加大对中国的研发布局,将上海打造成为该公司继巴塞尔和旧金山之后的第三大全球战略中心。2016 年至 2018 年间,相当一部分跨国生物医药企业的研发中心由于难以获取新药研发成果等因素,在华研发“边缘化”的标签难以摘除,不少跨国生物医药企业关停或者调整了其位于中国的研发中心,将其研发中心撤离中国成为跨国生物医药外企的一大选择,在中国仅仅保留后期临床开发的研发设施。但罗氏并没有放弃在华的战略研发布局,2016 年 11 月 4 日,罗氏创新中心在上海张江高科技园区奠基动工,投资额达 8.63 亿元,着力推动创新型药物在中国实现早期研发,以中国患者为主体不断向外拓展延伸以满足全球患者需求。2021 年罗氏中国加速器的投资成立是罗氏在中国创新研发战略布局的又一重要举措,为本土生物医药企业提供平台赋能支持的同时也进一步扩大了罗氏在中国的研发规模。2022 年罗氏组织形态再次转变,由最初的上海研发中心发展成为罗氏上海创新中心,现又放眼全国甚至全球升级成为罗氏中国创新中心,持续为中国和全球患者开发创新药物。2023 年年初,罗氏七款创新药通过新版国家医保目录调整，其中三款创新药首次通过医药谈判被纳入新版国家医保目录，另有多款药物被各地城市定制型商业医疗保险覆盖，更多的中国患者感受到罗氏的本土化诚意。

3. 背靠罗氏强劲的创新研发实力

关于生物医药企业创新指数与发展态势的报告显示，2023 年，在全球综合排名前 20 生物医药企业中，瑞士罗氏凭借制药和诊断两大领域的优势，始终在医疗健康领域位列行业前茅，持续开辟生物医药研发新领域新赛道，在知识创新方面排名第一。与此同时，在技术创新方面，罗氏的发明专利数、非单方专利数以及三方专利数均排名第一，技术创新产出实力强劲。从创新协作角度看，瑞士罗氏的创新协作能力突出，与世界众多研发主体开展了广泛且深入的合作，其创新主体规模和创新协作水平长期位居世界第一，在全球科学合作网络中占据重要地位。

就罗氏内部研发职能来看，罗氏中国创新中心研发团队现有科研人员约 230 人，超过 50%拥有博士学位，1/3 具有海外留学和生物医药工作经历，科研团队的研究领域从药物发现到早期开发全职能覆盖。就罗氏研发成果来看，截至 2023 年上半年，罗氏中国创新中心产生的 300 多件发明创新中超过一半已经在中国获得专利授权，在美国等其他国家也已经取得授权许可。2023 年，罗氏中国创新中心与全球研发相关部门合作已经成功将 9 款药物分子推进到临床试验阶段。与此同时，罗氏研发创造的三款创新药也被纳入新版国家医保目录，创新研发实力强劲。

8.6　本章小结

本章通过对 5 家具有代表性的跨国生物医药企业在沪发展路径的案例分析，系统梳理了其研发机构组织形态的转变过程与运营模式。强生通过设立亚太创新中心与 JLABS@上海，逐步实现了从内部研发导向向开放式创新平台的组织形态转型，其通过专家团队严格筛选入驻企业，遵照“无附加条件约定”的开放合作态度吸引初创企业，利用内部雄厚的创新资源为受孵化企业提供专业服务，加速了生物医药成果在中国的落地转化与国际对接。阿斯利康在中国的组织形态转变体现为其从设立内部研发中心起步，逐步发展为兼具内部研发与外部合作的全球研发中国中心，并通过 iCampus 创新园模式与政府协同构建覆盖全国的开放式创新生态，通过链接多方资源，共同构建助力全球医疗产业创新的合力。礼来公司在华组织形态的转变体现了其从自主研发向本土合作、赋能式创新转型，通过设立中国创新合作中心，实施外向型合作研发战略，推动本土协同创新，实现了研发环节中的降本增效。默克在中国经历了从原本注重内部研发，转为向开放式创新和风险投资发展模式的演化，通过成立亚太区 BioReliance® End-to-End 生物工艺开发中心、各类创新中心以及默克上海创新基地等，整合内部科研能力与外部创业生态，面向医药健康、生命科学、电子科技与人工智能等领域为初创企业提供资金、技术、实验室和专家分析指导。瑞士罗氏在沪研发机构经历了从内部研发向合作研发再到本土孵化创新的转型，最终构建起以创新中心为主体、以战略合作伙伴为媒介、以罗氏中国加速器为平台孵化本土企业的开放式创新生态，助力本土生物医药研发创新加速。

9　在沪跨国生物医药企业研发机构现行组织形态运作模式及效果研究

9.1　在沪跨国生物医药企业研发机构现行组织形态模式

现有研究认为，跨国公司研发机构组织形态经历了研发中心、以本土市场为导向的创新中心以及以全球市场为导向的开放式创新中心三个发展阶段。早期在沪跨国公司研发中心组织形态主要为研发中心，大部分仅仅是为满足中国政府要求，创新活动几乎处于封闭状态。[①] 后来跨国公司逐渐认识到中国消费市场的巨大潜力以及中国本土企业科技创新能力的迅猛发展，逐渐将其创新模式由封闭式创新转变为开放式创新，其研发机构组织形态也发展为创新中心。部分在沪跨国公司研发机构开始与本土企业以及科研机构开展合

① 宾建成，王宇琛.新基建背景下海外研发中心引进研究——基于东道国人力资本和知识产权保护视角的探讨[J].经济论坛，2020(8)：69－75.

作,研发适合中国市场的产品。进入 21 世纪以后,随着中国的战略重要性受到跨国公司的充分重视,跨国公司进一步将创新中心升级为开放式创新中心,更多地将其核心研发、创新活动落地中国,在中国进行临床试验生产适用于全球市场的创新产品。

近几年来,随着加快建设具有全球影响力的科技创新中心目标的提出,上海市政府大力支持跨国公司研发机构在沪发展,鼓励跨国公司研发机构发挥自身实力助力提升城市整体创新活力。有鉴于此,本书认为随着跨国公司在沪研发机构组织功能向"孵化本土创新"转变,其组织形态已经跨入了第四阶段——建立孵化器或创新平台模式。

9.1.1　外向型合作研发组织模式

外向型合作研发组织模式主要是指通过同类企业间合作、产学研合作、企业与政府合作等形式,实现同行业技术研发创新。[①] 前文的案例三礼来是典型的外向型合作研发组织模式。

合作是创新网络中外部知识源化的体现,跨国公司既可以向外部企业等提供研发资本,实现合作创新[②],也可以与大学、科研院所等外部科研机构建立合作关系。企业间的合作产生的知识溢出,会对研发活动产生积极影响[③],带来高价值的溢出效应。由于资源分布的不均衡性,企业要想获得创新就必须从外部获取一定的资源。而通过相互合作,企业之间的资源能相互弥补,进而有效降低成本,提高收益。[④] 后疫情时代的跨国公司生物医药企业由于受

---

① 龙小宁,刘灵子,张靖.企业合作研发模式对创新质量的影响——基于中国专利数据的实证研究[J].中国工业经济,2023(10):174－192.

② Lin B W,Wu C H. How Does Knowledge Depth Moderate the Performance of Internal and External Knowledge Sourcing Strategies? [J]. Technovation,2010,30(11－12):582－589.

③ 李纲.考虑垂直溢出的三级产业链纵向研发合作模型[J].科学学与科学技术管理,2014,35(7):49－58.

④ 李纲,刘益,廖貅武.基于吸收能力和知识溢出的合作研发模型[J].系统工程,2007(12):70－74.

到疫情等因素的影响，在利润、市场等方面都受到了冲击。而上海的徐汇区、浦东新区等地聚集着大量的企业，这为跨国公司生物医药企业之间、跨国公司生物医药企业和本土企业之间开展合作研发、促进创新创造了条件。

经过长期的摸索和实践，跨国公司生物医药企业在中国的外向型合作研发模式逐渐得到了发展与完善。一方面，这一从内部研发到外向型合作研发模式的优化调整能使本土企业借助跨国公司生物医药企业的经验大幅降低单独运营的高成本，如新药的研发成本、进入药品市场的商业化成本等，从中节约的成本不仅可以用于改善公司组织结构、建设人才队伍，也可以用于后期的业务投资，包括推出新产品、增设产品线扩大开展临床研究等；另一方面，在创新网络中，发挥跨国公司知识、技术和管理理念等要素的引导力和影响力，加强创新要素的集散功能，是外向型合作研发模式的特色。外向型合作研发模式使得跨国公司生物医药研发机构拥有一支更本土化的经营管理团队，在减少跨国公司生物医药研发机构面临的政策风险的同时，增加了其分销渠道。

由于大学和科研机构不仅是人才和知识的重要源头，也可以通过加强产学联系或以建设科技园区等形式来整合知识、技术和市场，跨国公司研发机构会倾向于布局在与其有密切合作的学研机构周边。①② 跨国公司研发机构与本土高校、科研机构等的合作，能够加强人才间的沟通与交流，促进本土化产品和技术的开放。③ 与此同时，高校也会借助跨国公司成熟先进的研发体系不断地学习、吸收，实现技术扩散、溢出，进而驱动其国际化研发战略发展。在与本土科研院所的合作中，跨国公司不仅提供了资金和技术的支持，也带来了

---

① Teirlinck P, Spithoven A. Spatial Inequality and Location of Private R&D Activities In Belgian Districts[J]. Tijdschrift voor Economische en Sociale Geografie, 2005, 96(5): 558－572.

② 杨凡，杜德斌，段德忠，等. 城市内部研发密集型制造业的空间分布与区位选择模式——以北京、上海为例[J]. 地理科学，2017，37(4)：492－501.

③ 宗凡，王莉芳，刘启雷. 国家创新体系包容性视角下高校与外资研发机构合作模式演进研究[J]. 科技进步与对策，2017，34(4)：129－133.

人才培养体制的创新。[①] 这一外向型合作研发模式能够加强生物医药行业人员的专业技能，打造层次化、科学化的人才结构，提升本土企业的创新能力，推动这些主体与跨国公司生物医药之间的互动交流，进而传播先进的技术以及实践和管理经验。

中国庞大的生物医药市场对在沪跨国公司生物医药研发机构具有强大的吸引力，在实践中产生的外向型合作研发模式能够实现本土企业、产学研机构与跨国公司企业的合作共赢。

9.1.2 共建政企合作产业园模式

作为医疗创新重要的载体，打造具有竞争力的生命科学园区已成为大多数城市的普遍共识，不少城市甚至集全市、全省之力发展生命科学园区。但是，市场在变，创新企业的诉求也在变。如何更好地提供项目培养、企业孵化、产业培育的全链条服务，成为各地政府和各个园区关心、思考的方向。随着产业升级加速、产业内外部环境发生重大变化，生物医药企业对园区载体品质和运营服务都提出了更高的要求。上海市出台了多个重要政策，强调产业园要“市场化”、支持市场主体参与建设运营。例如，2022 年 9 月，上海市浦东新区发布《浦东新区推进特色产业园区高质量发展若干规定》，明确提出支持品牌化、专业化、国际化的各类园区开发运营主体或行业领先的社会资本参与园区发展工作。在需求牵引与政策保障支持下，生物医药产业园市场化改革不断深化，逐步形成了政府主导、企业主导、政企合作等多种开发运营模式，从政府包揽向市场做主转变。从当前现状看，政府主导依然是最为常见的模式。同时，企业主导和政企合作模式的效率优势和资源互补优势越来越明显，在“园中园”和特色园区建设中的应用日益广泛（如表 9－1 所示）。而以阿斯利康为

---

① 章文光.跨国公司在华研发人才本土化战略的人力资源效应[J].山东社会科学，2011(8)：128－131.

典型的跨国企业均通过共建政企合作生物医药产业园来孵化创新。

表 9—1　　产业园三大运营模式比较

类型	政府主导模式	企业主导模式	政企合作模式
特征	采取完全行政主导或国企管理等形式，充分利用政府资源和宏观调控能力	市场化企业为主体，按照市场经济规律专业化运作	“政府＋市场化企业”联合，成立合资平台公司
政府角色	统筹管理园区开发规划与日常运营事务	项目监管与宏观指引	政府和企业在责权利上按约定规则进行分担
优势	规划性强、管理集中统一，有效利用政府资源和关系	经营效率高、专业化程度高	兼具政府指导性和市场灵活性；最大程度调动政企资源、优势互补

资料来源：作者自行整理。

政府主导模式下，地方政府统筹管理园区事务，根据城市发展及产业特点开发与规划产业园，具有集中统一、规划性强、权威性高、招商引资力度大等优势。企业主导模式通过引入社会资本，将政府投资项目变为企业投资项目，既能解决地方政府在园区开发项目上资金不足的问题，也可以发挥市场化主体的市场灵敏度、运作效率以及专业化能力，有效提高园区开发和运营管理效率。政企合作模式则兼具政府的指导性和市场的灵活性。政企合作产业园模式是指由政府和市场化运作的企业合作，联合设立园区，共同运营产业园内项目。在生物医药行业，由跨国公司和政府共建的产业园其园区布局往往是围绕跨国公司自身发展需求，打造特色主题型产业园，并在跨国公司入驻园区且占主导的情况下吸引产业链上下游企业的集聚。这些跨国公司依托自身业务经营，能快速建立全产业链服务输出能力，完善产业链生态布局。而这恰恰是传统国有企业或国内民营企业所不具备的，也是地方政府乐意与跨国公司合作开发产业园的主要原因。

这类政企合作产业园以科技服务为核心竞争力，以科技型企业和创业人才为主要服务对象，聚焦科技成果转化和创新孵化，通常具备较好的区位条件和园区环境，将生产、研发、办公等产业功能与科教、商业等城市服务有机结合，形成有利于科技人才创新的耦合空间。在该模式下，创业企业可以同时享受来自跨国头部生命科学企业和政府两方的资源。一方面，政府方通过出台专用于园区内企业的产业优惠政策促进产业链各环节企业在园区集聚。另一方面，跨国公司依托广泛的创新资源、全球网络以及全渠道的商业化平台为创业企业提供创业链前—中—后端全链条服务。

着眼于创业链前端的环节，在成长过程中，企业可以通过入驻园区拥有基本的空间载体和基础设施实现资源嫁接，获得包括跨国公司及其生态圈内的专家网络、渠道平台等资源，从而加速发展。聚焦创新链中间的基础研究—应用开发的环节，跨国公司和政府可以充分调动高校、企业、专家等多方合力，为创业企业提供精准服务。此外，在园区内聚集的产业链上下游企业之间也可以积极展开合作，互相帮助解决难点和痛点。对于处于创新链中后端、处于商业化阶段的科技企业，园区可以提供投融资对接等服务，为已初具规模的企业提供一个持续发展的平台和空间。跨国公司通过与各地政府及相关社会资本等联合设立基金，为入驻园区的企业提供资本赋能，加速创新企业的发展。

9.1.3　自建加速器孵化创新模式

在当前全球产业全面升级的浪潮下，跨国药企越来越看重中国的创新资金，其在华研发中心扎堆升级。上海始终是跨国公司掌门人眼中最具吸引力和包容度的开放城市。截至 2025 年 2 月，上海跨国公司地区总部和外资研发中心累计分别达到 1 027 家和 597 家。[①] 而生物医药产业又是上海市战略性新兴产业的重要支柱，是上海强化高端产业引领功能和科技创新策源功能的

① 中国新闻网. 上海新认定 40 家跨国公司地区总部和外资研发中心[EB/OL]. [2025－03－22]. http://news.china.com.cn/2025-03/22/content_117780139.shtml.

重要抓手。上海市科委数据显示，2023 年上海市生物医药产业规模达到 9 337.32 亿元，同比增长 4.9%，预计 2025 年将突破万亿元。与此同时，全球药企前 20 强中的 18 家以及医疗器械前 20 强中的 17 家都已经在上海落户①，上海市跨国公司生物医药研发总部数量位居全国第一，可见落户上海并在上海开启研发生产已经成为跨国生物医药企业的战略性选择。自建加速器孵化创新是在沪跨国公司生物医药研发机构组织形态的一种典型模式，以强生、罗氏为代表的跨国生物巨头均采用自建加速器模式助力本土创新企业的孵化。

加速器和孵化器都是为初创企业成长发展提供资源助力的平台机构。根据美国企业孵化器协会（NBIA）对孵化器的定义，孵化器是为初创企业提供一系列量身定制服务和资源以帮助其度过早期存活困难阶段的平台工具。而加速器是孵化器的一种更为优化的形式，是为具有业务发展前景的企业提供短期服务的组织，其成立的最终目的更多的是帮助初创企业快速发展以满足其在目标市场的需求。② 有学者对孵化器和加速器进行了区分，认为孵化器的运营模式是非营利性的，其资本支持主要来源于政府以及其他非营利组织的补贴和投资；而加速器的参与者主体主要是大企业，以自主运营的方式为初创企业提供专业化资源以换取股权资金。③ 本书结合现有研究④⑤，整理出了二者的区别（如表 9－2 所示）。

---

① 上海市科学技术委员会．上海将如何持续推动生物医药科技创新和产业的高质量发展？[EB/OL]．[2025－03－25]．https://stcsm.sh.gov.cn/xwzx/gzdt/20240304/7339e57c8eee4b32b2e9ae48ae5ee527.html.

② Price R. The Role of Service Providers in Establishing Networked Regional Business Accelerators in Utah[J]. International Journal of Technology Management，2004，27(5)：465－474.

③ Leblebici H，Shah N. The birth，transformation and regeneration of business incubators as new organisational forms：understanding the interplay between organisational history and organisational theory[J]. Business History，2004，46(3)：353－380.

④ Hansen M T，Chesbrough H W，Nohria N，et al. Networked incubators[J]. Harvard business review，2000，78(5)：74－84.

⑤ 潘涌，茅宁．创业加速器研究述评与展望[J]．外国经济与管理，2019，41(1)：30－44.

表 9—2　　企业加速器与孵化器的区别

特征因素	企业加速器	企业孵化器
经营性质	大企业为主体,风投为辅助	政府机构、学术结构等为主体
目标企业	高科技、高成长企业为主体	初创企业为主体
筛选标准	颠覆性创新、高科技产品及技术	能否支付得起租金
实现目标	从小到大,加速成长	从无到有,帮助存活
毕业标准	严格毕业标准	无严格毕业标准

资料来源:作者自行整理。

对加速器的现有研究显示,加速器的运营模式区别于孵化器的关键因素在于种子基金、导师制、群组模式、加速器的时间效率和路演日。首先,在入驻管理阶段,加速器会定期评估申请入驻企业的资料信息,严格筛选初创团队,通过率一般低于10%。其次,在加速器内部加速管理阶段,利益相关者基于制度理论以双方共同的需求和战略的基础,达成通过种子基金换取股权的方式实现合作成长的目标。① 导师制能够为初创企业提供导师的专门指导,通过提供直接或间接学习的机会,加速初创企业的知识获取效率。② 相关领域初创企业在同一加速器内创新孵化加速可能会产生的化学反应,在群组入营模式下,一方面初创企业之间会因同辈压力而形成无形的竞争激励,推动科技创新以及科技成果转化;另一方面,成员之间也会积极合作共同解决难点和痛点,相互学习和成长。③ 较短的培训周期能够促使初创企业在有限的时间内创造最大的潜能,加速成长,还能促进初创企业快速试错结束。路演日主要就

① Cohen S. What do accelerators do? Insights from incubators and angels[J]. Innovations: Technology, Governance, Globalization, 2013, 8(3): 19—25.

② Haines J K. Iterating an innovation model: Challenges and opportunities in adapting accelerator practices in evolving ecosystems[C]. Ethnographic Praxis in Industry Conference Proceedings. 2014 (1): 282—295.

③ Kandel E, Lazear E P. Peer pressure and partnerships[J]. Journal of political Economy, 1992, 100(4): 801—817.

是加速器通过各种活动帮助初创企业扩大其融资网络，拓宽外部融资渠道，提升后续融资能力，提高初创企业长期发展能力。① 最后，在加速器毕业管理阶段，顺利获得下一轮融资或者实现成果转化的初创企业毕业退出，大企业所持初创企业的部分股份也可以出售，获取盈利，初创企业成为加速器的“校友”，也成为未来成员企业的导师。

本书对上海市自建加速器孵化创新的生物医药研发机构进行总结分析后，从入驻管理、内部加速管理以及毕业管理三个阶段介绍自建加速器孵化创新的运营模式。

首先，在入驻管理阶段，大企业会基于内部制定的入驻标准对申请企业进行资格筛选，比如从创新产品、专业技术和团队竞争能力情况、企业商业模式可行性等方面评估，决定是否予以准入资格。除根据软硬性条件评估外，一些自建加速器大企业还会通过竞赛等制度来筛选优质且具有潜能的初创企业。

其次，在内部加速管理阶段，入驻加速创新的初创企业或者缴纳固定租金以获取跨国生物医药研发机构加速器内提供的技术设备、空间平台、专家分析交流、资金资助等资源，或者与跨国生物医药创新研发中心达成早期研发协议，以协议条件来满足双方的共同需求。作为战略合作伙伴，张江集团以及外部风投等机构也会以项目补贴、招商等方式为加速器提供资金上的帮助。

在这一阶段，跨国生物医药研发机构针对初创企业的相关研究领域以及已有的研究成果提供相应的实验设备以及独立空间平台，并配备内部领域相关的科学家定期开会讨论项目进展，探讨药物或诊断方面转化的可能性与方向，提供先进且丰富的经验分享，促进成长发展。与此同时，对于初创企业的资金需求，加速器还会借助跨国生物医药公司的风险投资基金以及其风险投资合作伙伴对入驻成员进行早期项目评估，协助初创企业获取国内外市场融

---

① Regmi K, Ahmed S A, Quinn M. Data Driven Analysis of Startup Accelerators[J]. Universal Journal of Industrial and Business Management, 2015, 3(2): 54-57.

资。与此同时，加速器的背书也在一定程度上为成员企业的融资提供了隐性的支持。此外，对于内部管理，加速器予以入驻成员企业独立的研发空间，以项目制为基础，秉持“不干涉，只帮助”的理念（即赋予入驻企业自主管理权，不干涉内部运营管理），专注构建开放、包容、多元、有机、高效的合作生态。

最后，在毕业管理阶段，加速器依据其具体的毕业标准以及内部加速的成员企业的实际研发转化情况评估，评估合格的企业可以从加速器毕业，还未达到合格条件的企业还可根据需要在加速器内完成科技成果的转化，但一般有加速最长年限的规定。成员企业毕业后，跨国生物医药企业认为初创企业的研究项目适合本企业未来发展的，会通过签订合作协议对企业进行直接投资，或者通过股权投资等方式开展进一步合作经营。

9.2　在沪跨国生物医药企业研发机构孵化本土创新项目的社会效益研究

受逆全球化、国际地缘政治、制度环境等因素影响，在沪跨国公司生物医药研发机构正逐渐从在企业内部封闭体系内开展创新活动的“封闭式创新”转变为跨国将自身创新资源与组织外部创新资源结合的“开放式创新”，即由自成一体的“封闭式创新”转变为以更加开放、合作的心态和形态与本土创新主体合作的“开放式创新”。跨国公司生物医药研发机构在沪组织形态正由单一研发中心向创新中心、孵化器、研发平台等形式转变。国际创新资源和本土研发资源相互借鉴和融合，能够在资源配置、研发创新技术与知识、人才培育等多个维度带来创新溢出效应，有利于提升上海本土生物医药企业的创新水平，从而推进上海科创生态体系的建设。

9.2.1　促进协同创新

随着跨国公司在沪建设加速器、孵化器等创新平台数量的增加，越来越多的上海本土药企得到了与跨国公司进行商业合作的机会。① 上海有大量为国内外企业提供药物研发外包服务的企业，这些企业成为吸引跨国公司生物医药企业在沪设立创新合作中心的主要推动力。大型药企早期可能集研发、制药和营销于一体。但随着业务规模的扩大，大型药企的产业链分工更加精细、明确，大型药企甚至开始将部分效率较低的业务环节外包或出售，实施全球化战略，深挖新兴市场。此时，面对资金、人才、技术等多方面的困难，本土 CRO 企业（合同研发机构）、CMO（合同生产机构）、CDMO 企业（合同研发生产机构）能够拆分产业链的各个环节，结合大型药企降低成本、外包研发的需求，与跨国药企建立密切的合作关系。

如生物医药企业药明康德的主要经营业务就是为跨国制药企业提供定制化医药生产研发外包服务（CRO 业务）。2015 年，礼来宣布与药明康德合作，共同致力于在中国开发、生产及注册一种新型小分子药物。礼来将该药物在中国的注册、开发及生产事务外包给药明康德，自己则负责该药物的营销事务。② 华领医药也在药物研发阶段采用 CRO 合作研发生产模式。2020 年 8 月，华领医药得到了德国拜耳的授权，在与拜耳的合作中，华领医药开始负责新型糖尿病治疗药品的临床开发、注册、产品供应以及分销工作，拜耳则主要负责该产品在中国的市场营销、推广以及医学教育活动。这种开放式创新合作模式不仅促成了合作双方共享成本、共担风险，还能帮助合作双方更快地进入新市场获取新技术和技能，有助于提升上海本土生物医药企业的创新水平。

9.2.2 知识溢出效应

在沪跨国公司研发中心和本土企业研发人员之间的交流可以为本土生物

① 张仁开. 跨国公司在沪创新功能性平台发展思路研究[J]. 科学发展，2017(6)：27－33.

② 药品资讯网. 药明康德与礼来制药合作开发、生产及商业化一种新型小分子药物[EB/OL]. [2025－03－22]. https://www.chemdrug.com/news/232/9/44220.html.

医药企业提供学习跨国技术、知识和商业经验提的机会，加速先进技术和知识的外溢。① 一方面，跨国公司的研发机构具有完善的人才培养机制，在跨国公司研发中心服务的本土科技人员可以在科研开发、创新管理过程中，吸收国际先进知识和创新技术，学习跨国公司的管理经验和方法，产生知识的溢出效应。

另一方面，跨国公司与本土生物医药企业双方人才之间的交流、学习，加速了知识的外溢与传播，有助于激发本土生物医药企业的创新能力，从赋能本土创新组织发展的角度，进一步促进跨国公司与本土企业协同创新，加速孵化本土创新项目落地。如 2022 年 6 月 29—30 日，阿斯利康全球研发中国中心在上海举办了“阿斯利康中国研发日”活动，活动主题为医学人才培养、国际研究合作的现状与展望等②，为中国科研院所及创新公司提供了进一步了解全球医药研发前沿科学的平台。2023 年 2 月 15 日，在上海市科学技术委员会指导举办的“走进跨国公司研发机构系列活动（西门子医疗上海创新中心专场）”活动中，西门子医疗上海创新中心负责人为各类本土科技企业、创新创业团队与行业领军企业家、学术或技术专家提供了直面交流的机会，不仅帮助本土研发人员近距离学习知名跨国药企在沪研发中心的管理经验和先进技术，也为促进本土企业与跨国公司研发中心后续的合作搭建了沟通平台。

9.2.3 人才培育效应

对于生物医药企业来说，企业研发创新的高度依赖于研发人才的专业知识以及创新能力，因此良好的研发人才培育计划对于企业非常重要。各家药企跨国公司研发中心都有其独特的人才培养计划。辉瑞（中国）研发中心将人

① 张方华．跨国公司研发本土化过程中的知识溢出路径分析[J]．苏州大学学报：哲学社会科学版，2011，32(2)：126－130，192.

② 医药魔方．国际顶级科学家对话平台 首届“阿斯利康中国研发日”成功举办[EB/OL]．[2025－03－22]．https://www.163.com/dy/article/HBGE0IHB0534Q32Z.html.

才划分为科学类人才、技术类人才、管理类人才三大类，并分别根据不同类别人才的成长需求为其提供在成长过程中所需要的成长资源。① 阿斯利康中国也制定了清晰的本土研发人才发展与培养计划，为员工提供了各类促进能力发展的项目、内容轮岗以及参与全球研发项目的机会，充分体现了其对专业知识和技能的重视。② 在沪跨国公司研发机构对本土员工的重视不仅极大地缩小了上海本土人才与国际先进人才的差距，而且锻炼培养了大量具有国际化视野和国际竞争力的中高级人才。

在自建加速器孵化创新模式和政企合作产业园模式中，在沪跨国公司研发中心致力于孵化本土初创企业，与上海本土企业合作开展人才培养项目。例如，2020 年，强生推出全球人才培养项目“EXPAND”，积极与上海初创企业深化在创新人才培养方面的合作。2021 年，罗氏中国的研发活动也由自主研发向孵化本土创新转变，其投资近 3 亿元人民币建立“罗氏中国加速器”。③ 罗氏中国加速器依托罗氏商业化的全链条资源及强大的科研实力，携手合作伙伴，为本土初创企业提供场地、资金等物质资源，以及科学指导、运营经验等无形资源，分享企业先进的管理经验，为本土企业了解和学习国外的管理和创新技术、经验，为深化人才的培育创造了良好的条件。④

跨国公司研发机构与上海高校、科研院所和本土企业等进行合作，也是人才培育的一大助力。如 2015 年 11 月 2 日，辉瑞中国研发中心与上海交大—耶鲁联合生物统计中心的合作，能够实现企业、高校、科研机构之间的资源共

① 新华网上海频道. 陈朝华：跨国药企中国研发中心正加速中国与全球同步研发进程[EB/OL]. [2025－03－22]. http://sh. xinhuanet. com/ft/2021/524/index. htm.

② 中欧商业评论官方. 阿斯利康：人才先行，以中国研发力量引领全球创新[EB/OL]. [2025－03－22]. https://baijiahao. baidu. com/s? id=1737615229980524285&wfr=spider&for=pc.

③ 人民资讯. 罗氏中国加速器：赋能初创医疗企业 加速科研转化[EB/OL]. [2025－03－22]. https://baijiahao. baidu. com/s? id=1749183001796314888&wfr=spider&for=pc.

④ 罗氏制药中国. 罗氏中国加速器[EB/OL]. [2025－03－22]. https://www. roche. com. cn/innovation/roche-accelerator/.

享，促进人才培养和产学研结合。① 2020 年 1 月，辉瑞中国研发中心与复旦大学联合开展药物经济学人才系列培训项目，项目目的为加强专业人才培养、传播知识，加快药物经济学领域的发展。② 2022 年，强生创新孵化平台(JLABS)、默克中国创新中心、勃林格殷格翰中国联合中欧国际工商学院推出“创新中国 2022”大赛，面向全球顶尖学院就读硕士及以上课程的海内外学生，提供包括讲座、路演、论坛、辅导在内的商业孵化机遇，旨在为全球创新人才提供创新孵化支持，加速促进“根植中国、面向全球”的创新研究解决方案。③ 跨国公司研发中心与高校合作的模式不仅能够加快创新知识的交流与互动，更有助于为相关领域提供优质储备人才。④

9.2.4 加速商业转化

相对于一般孵化器，跨国公司开放式创新中心具有如下两大特色及优势。一方面，跨国公司开放式创新中心为入驻企业提供与跨国公司级别相同的研发环境、跨国公司研发团队的技术支持，能够提高企业研发项目的速度。另一方面，跨国公司开放式创新中心能够为入驻项目提供资金和投资支持，具有市场竞争力和商业化能力的跨国企业也能为研发产品提供市场分销渠道，从而间接加速产品的商业化进程。

此外，跨国公司开放式创新中心的成功为中国本土企业提供了可供参考、借鉴的经验。随着跨国公司开放式创新中心的建设与蓬勃发展，国内企业、投

---

① 中国生物技术信息网. 辉瑞与上海交大—耶鲁联合生物统计中心签署合作备忘录[EB/OL]. [2025—03—22]. http://www.biotech.org.cn/information/137342.

② 药品资讯网. 辉瑞携手复旦大学培养中国药物经济学人才[EB/OL]. [2025—03—22]. https://www.chemdrug.com/news/230/4/17857.html.

③ 中欧国际工商学院. “创新中国 2022”大赛已开放注册——敬请全球高校全职硕士/博士加入[EB/OL]. [2025—03—22]. https://weibo.com/ttarticle/p/show? id=2309404804192467550610.

④ 武扬，韩霞. 跨国公司研发集聚与区域创新耦合分析——以上海市为例[J]. 工业经济论坛，2015(3)：112—120.

资机构纷纷借鉴跨国企业经验，尝试利用企业资源和平台建立相似的创新载体，从而深化本土企业的内外部合作，如位于上海的红杉数字智能孵化中心、百度飞桨人工智能产业赋能中心、高瓴张江创新中心、微创医疗奇迹点孵化器等开放式创新平台项目，它们为入驻企业和项目提供孵化空间、人才、企业品牌背书等资源，通过加速创新成果的商业转化进程，助力中国本土产业的建设与发展，在上海构建世界级的产业集群。

9.3　在沪跨国生物医药企业研发机构现存问题

跨国公司是推动上海建设科技创新中心的重要力量。为了保持竞争优势，跨国公司倾向于在世界各地设立海外研发机构，以获得当地资源、人才、技术创新等优势资源。尽管跨国公司研发中心在沪发展前景良好，但目前跨国公司研发机构仍存在创新孵化平台的机制不健全、对跨国企业过度依赖、知识产权保护制度不完善等问题。

9.3.1　外向型合作研发组织模式现存问题

1. 文化冲突增加协调成本

面对日新月异的技术发展与变革，合作研发模式能够帮助合作企业分摊高额的技术创新成本，分散技术创新的高风险。相比独立研发，企业在合作研发过程中可以通过与合作方的信息共享，更加迅速地获取合作机构已有的信息和知识，减少企业的信息搜寻成本。① 然而，当企业开始跨国经营并进入东道国后，会受到当地法律法规等文化环境的影响，从而产生文化冲突，例如，跨国公司研发机构与本土企业存在宗教信仰与传统风俗冲突、企业文化冲突，以

① 龙小宁，刘灵子，张靖. 企业合作研发模式对创新质量的影响——基于中国专利数据的实证研究[J]. 中国工业经济，2023(10)：174－192.

及沟通方式和语言上的文化冲突。[①]

在合作研发模式下，企业需要在研发的同时，保持沟通、交流和协调，沟通方式和语言方面的文化冲突不仅挤占了企业的研发时间、精力和资源，也增加了企业的沟通成本和协调成本。合作研发过程中跨国公司研发机构与本土企业的信息共享也会增加企业核心技术信息泄露的风险，随着合作的深入，协调成本与信息泄漏风险不断增加，甚至可能会抵消合作带来的创新成本分摊效应、创新技术分散效应。尤其是当知识产权保护制度不够完善时，跨国公司研发机构的核心技术信息更容易外泄，其研发技术更容易被模仿，最终可能导致跨国公司研发机构缺乏研发动力。[②]

2. 竞争关系影响合作质量

礼来通过更多的本土协作和合作伙伴关系来推动早期新药研发，加快产品的商业化进程，并将在中国大陆进口、销售、推广和分销药品的独家商业化权利授权给本土企业，但并不是所有处于合作研发模式下的企业都会在研发、生产和销售环节持续保持合作关系。跨国公司研发机构在与本土企业合作改进技术或研发新产品后，由于知识产权的权属问题以及知识技术具有的公共产品特征，合作企业的研发成果可能被合作关系网络外部的企业无偿使用，导致企业研发收益减少，为了追求自身利益的最大化，企业之间可能会放弃合作。此外，虽然大部分合作双方企业能在前期研发环节中保持合作、进行信息共享，但在后期产品销售环节，出于对市场份额和利润的担忧，企业之间可能也产生竞争关系。[③] 这种竞争关系不仅将导致合作双方不愿共享核心知识和

---

① 徐莉. 跨国经营中的文化冲突问题和跨文化管理策略[J]. 南京财经大学学报，2006(6)：68—71.

② 王雅洁，张森. 中国省域知识溢出对区域创新的影响研究——基于吸收能力的视角[J]. 华东经济管理，2020，34(8)：44—54.

③ Claude D，Jacquemin，A. Cooperative and Noncooperative R&D in Duopoly with Spillovers [J]. The American Economic Review，1988，78(5)：1133—1137.

技术，而且会增加合作研发过程中的沟通与协调成本，降低信息共享的效率，最终导致合作研发的创新质量降低。

9.3.2 共建政企合作产业园模式现存问题

1. 对资源协同能力要求较高

政企合作产业园模式兼具政府的指导性和市场的灵活性。一方面，其能充分发挥政府的宏观把控能力、获得资源支持与政策倾斜；另一方面，也能撬动社会资本，借助大企业主体的市场化运营优势和项目经验，通过最大限度地调动政企资源，高效率推动园区的建设和运营管理。该模式有利于引入多元化投资主体，实施综合性项目或特色园区项目，但同时也对政企协调要求非常高。初创企业的发展往往要经过孵化、产业化、商业化三个阶段的成长过程，政府更加看重第三个阶段（商业化）的成果，注重盈利创收的经济效果。而现阶段，入驻产业园的企业多数仍处于第一个阶段，在短期内难以实现地方政府期待的经济效益，可能导致政企两方主体之间的决策差异。此外，虽然在该模式下入驻企业都在短期内得到了快速发展，但对政企双方各自为企业提供了何种资源或在企业成长的哪个阶段介入的相关信息披露较少。例如，通过现有公开信息可以知道观合医药在签约入驻无锡 iCampus 的短短四个月内取得了医学检验实验室资质①，但在该过程中阿斯利康为其提供了哪些服务却鲜有披露。

2. 对跨国公司的依赖较大，且产出见效较慢

以阿斯利康为典型的政企合作产业园模式，深耕特定行业领域，制定明确的主导产业方向，聚焦创新链中间环节，通过孵化加速助推企业快速成长。园区通过出台产业优惠政策、提供专业技术服务等方式，促进产业链各环节企业

① 搜狐网.创业路上的阿斯利康[EB/OL].[2025－03－25]. https://www.sohu.com/a/463864062_133140.

在园区集聚,从而发挥集群的规模效益。一方面,通过上下游企业的就近布局、紧密合作,可以很好地降低合作成本;另一方面,通过在同一空间集聚大、中、小企业以及各类服务配套机构,便于跨国公司打造针对性的专业服务。但集群效应的发挥与跨国公司的实力和号召力关系较大。此外,园区以企业孵化培育为主,其服务对象主要为创业团队、初创公司,而不像政府主导产业园能够在政府背书和资源倾斜的支持下有效吸引具有示范效应的重大项目和龙头企业入园。这也可能导致政企合作产业园相较于政府主导的产业园普遍面临产值偏低、产出见效慢等问题。

9.3.3 自建加速器孵化创新模式下存在的问题

1. 准入机制不够健全

在准入机制方面,制定严格的入驻标准并且形成入驻成员筛选的规范机制有助于保证入驻成员企业与大企业形成良好的创新合作、孵化加速,同时也有利于初创企业更好地在市场或行业存活运营。从当下在沪跨国公司生物医药研发机构来看,跨国公司加速器的准入对象一般为具有成长潜能且与大企业专攻医药领域形成互补或与全球产业研发背景相适配的生物医药初创企业。从国外看,美国、印度、韩国等国家的孵化器或加速器的准入条件和要求具有一定的严格性,主要有以下几方面特征:其一,硬性条件苛刻。不同加速器的硬性要求不同,有些加速器要求初创企业必须具备本地、可持续成长以及团队配备人员导师等硬性要求。其二,软要求符合择优录取。加速器大企业会依据战略管理特征基于企业内外部环境,分析初创企业所处生命周期、商业模式的可行性等因素。其三,面试环节严格。美国斯坦福 StartX 加速器设置包括第一轮初步了解企业和竞争优势情况以及第二轮专业技术和团队面试两方面。其四,准入流程专业。从宣传、申请、评估、面试到最终入驻都符合流程规范标准。

结合本书选取的两家在国际上具有代表性的跨国生物医药企业加速器强生 JLABS 以及瑞士罗氏中国加速器来看，强生 JLABS 遵照“无附加条件约定”的开放合作态度吸引初创企业，在筛选专家团队时会借助其专家团队并依据其规定的四条标准来评估申请入驻的企业，准入机制虽不像美国那样严格，但是具有机制流程和评估要求。相比之下，罗氏中国加速器仅声称其“颠覆性创新”是其筛选成员的重要标准，其他的软硬性要求并没有对外公布。颠覆性创新是一个比较广泛且多维度的概念，瑞士罗氏对于加速器成员颠覆性创新具体是如何要求的，没有明确公布定性的标准或定量的指标，也未形成一套合理的判别机制。

2. 内部创新进展和退出机制不透明

加速器运营的其中一个关键因素是时间效率，也就是在一个相对的培训时间周期内初创企业在受加速器指导帮助获得或创造最大的潜能以加速成长，有助于初创企业快速试错。强生 JLABS 对于初创企业的“毕业”时间没有硬性规定，成员企业创新加速的时间一般为 2～3 年，最长不超过 5 年，同时也会加入市场化、资金水平等因素考虑成员企业的孵化时间周期。罗氏中国加速器成立时间比较晚，于 2021 年成立，最早的一批成员企业加入已或多或少地在相关领域获得研发成功，但也存在入驻企业加入后没有与罗氏相关的研发信息透露，比如 SQZ China 这家初创公司能够从相关平台获得研发信息寥寥无几，部分企业在加速器内部加速孵化的机制路径以及是否与加速器内部设定了相应的定时定量的目标或者合作协议都不够明晰。此外，罗氏加速器每年都会吸纳一些新成员加入，但对于新老成员企业的退出没有相应规定。退出机制作为加速器创新孵化的最后一个环节，达到退出标准的初创企业没有及时退出，一方面会降低加速器运行效率，占用加速器内部空间及设备等资源，造成新加入成员企业无法获得足够的支持和管理环境等；另一方面，在加速器内加速创新成功的初创企业对大企业平台而言也是利好资源，如何维护好与退出企业之间的交往合作关系是加速器需要研究的重要课题。

9.4 本章小结

本章首先梳理了在沪跨国公司生物医药研发机构组织形态的演变路径,指出随着组织功能向"孵化本土创新"转变,其组织形态已经跨入了第四阶段——建立孵化器或创新平台模式;然后进一步归纳总结出当前典型的三种运作模式,即外向型合作研发组织模式、共建政企合作产业园模式以及自建加速器孵化创新模式。其中,外向型合作研发模式通过同类企业间合作、产学研合作、企业与政府合作等形式,实现同行业技术研发创新,有助于优化人才结构、促进知识与技术的流动;共建政企合作产业园模式通过政企联合构建创新生态,实现研发与生产、科创与城市功能的有机融合;自建加速器孵化创新模式依托跨国公司全球化资源和商业化平台,为初创企业成长发展提供资源助力。其次,本章对在沪跨国公司生物医药研发机构孵化本土创新项目的社会效益进行了深入剖析,指出国际创新资源和本土研发资源的相互借鉴和融合,能够促进协同创新,产生知识溢出和人才培育效应,同时有助于加速商业转化,这些效应有利于孵化上海本土生物医药企业的创新水平,从而推进上海科创生态体系的建设。最后,本章指出了在沪跨国生物医药研发机构的现存问题,对外向型合作研发组织模式而言,需要注意文化冲突增加协调成本、竞争关系影响合作质量等问题;共建政企合作产业园模式则存在对资源协同能力要求较高、对跨国公司的依赖较大且产出见效较慢等问题;而自建加速器孵化创新模式存在准入机制不够健全、内部创新进展和退出机制不透明等问题。

10　支持跨国公司研发机构转型的对策建议

跨国公司的研发机构是上海国际科技创新中心建设的重要组成部分，是实现高水平对外开放、打造全球创新网络枢纽节点的关键链接。在新发展格局下，在沪跨国生物医药企业的研发模式已由封闭式创新向开放式创新模式转变。与之相对应，跨国公司研发机构的组织形态也已从研发中心向开放式创新中心转变，功能定位则从“引进全球创新”向“孵化本土创新”转变。在此趋势下，为了吸引跨国公司研发机构在上海集聚，推动跨国公司高质量发展，更好地服务上海国际科技创新中心建设，本书从短期层面政策引导和长期层面制度创新双视角提出相应对策建议。

10.1　短期导向：政府政策引导

10.1.1　发挥政府在科技创新中的策源能力

结合生物医药产业基础性研发功能的特征，支持跨国公司研发机构落户上海客观上要求上海成为科技创新的策源地，这与政府自身在创新活动中的角色定位密不可分。与深圳不同，深圳的科创模式主要是以终端环节为导向的从0到100的创新，围绕面向消费者的最终产品，该类模式具体包含产品创新、技术创新和模式创新。由于该类创新大多为市场导向，创新成果更易被市场量化评价，风险投资、银行和民间融资的参与意愿较高。而科技策源地的建设要求上海的创新主要是面向技术或理论本身的创新，即从0到1的创新，该类创新主要包含基础创新、理论创新和源头创新。这类创新，由于距离市场较远，创新风险高，不确定性较大且市场难以对创新成果量化衡量，因此风险投次、银行和民间融资参与较少。在此背景下，上海市政府应充分发挥政府财政对于在沪生物医药产业发展的引导作用。考虑到跨国药企由封闭创新转向开放式创新，背后是"实质研发"转向"合作研发"，这对创新环境的配套设施提出了更高要求。政府可通过市场机制（例如跨国生物医药公司主导的孵化器）聚集对行业发展产生带动作用的高新技术企业，在土地规划、人才吸引与激励、财税和管理改革等方面给予跨国生物医药企业孵化器相关的政策优惠。

10.1.2　鼓励跨国公司研发机构开放式创新平台建设

鼓励跨国公司研发机构的研发模式转向开放式创新。开放式创新意味着合作创新，本书认为政府促进跨国公司开放式创新，可从平台搭建—融合本土创新资源—推动科技成果转化三个方面展开。在平台搭建方面，政府应鼓励跨国公司研发机构搭建开放式创新平台、概念验证中心和共性技术服务平台等机构，开展跨境孵化服务。以浦东大企业开放中心（GOI）为例，应围绕“政产学研金服用”七位一体的创新生态体系，构建七类资源体系，为 GOI 及赋能企业在技术研发、产品创新、成果转化等方面提供设备、平台、人才、资金等资源支持。

针对本土创新力量，我们要鼓励跨国公司研发机构与各类创新主体，围绕新市场需求、新技术发展、新产业方向开展技术攻关，共建联合实验室、产业学院、实训基地等平台，设立博士后科研工作站。在科技成果转化方面，在跨国企业与高等学校、科研机构等本土创新主体开展协同合作的基础上，还要围绕核心技术和高价值科技成果，实施技术开发、产品验证、市场应用研究等概念验证活动。

10.1.3　提升跨国公司研发机构知识产权保护水平

通过前文分析可知，东道国知识产权保护程度的提高将会促进跨国公司由封闭式创新向开放式创新模式转变，增加跨国公司与本土企业合作的意愿。对于跨国公司研发机构知识产权的保护，首先，在明晰知识产权方面，上海市政府应支持跨国公司研发中心或创新中心申报本市专利工作试点示范单位，并给予一定项目经费支持。其次，从最终产品导向的方面，辩证看待仿制药和创新药在医药市场的地位。考虑到药品研发周期长，投入大，可对创新药设置专利保护期限，同时加大仿制药的一致性评价审核。最后，打通跨区域知识产权保护协作机制，通过线索发现、资料移送和案件协查等举措，加强对跨国公司研发机构知识产权保护的联动协调。对于知识产权侵权行为，加大对知识产权侵权行为的惩治力度，积极适用惩罚性赔偿。

10.1.4　优化科研资产跨境流通

对跨国生物医药企业科研资产的跨境管理可依据实物资产和数据资产分

类管理。

针对实物科研资产，我们可以借鉴“一线放开、二线管住”的思想，在保证符合环境监管和安全的基础上优化通关监管流程。具体而言，针对企业名单，推荐符合资质的、安全控制能力完善的跨国公司研发机构纳入进出境特殊物品联合监管机制试点范围，优化审批流程，加快办理通关手续；针对实验材料，评估跨国公司研发中心引进用于科研项目的生物材料的安全风险，符合要求的，可缩短检疫审批时限；针对区域联合监管，推动长三角海关监管互认，缩短跨国公司研发中心免税进口研发设备境内转移审批周期等。

针对数据科研资产，在数据确权的基础上，鼓励跨国公司研发机构通过数据安全管理认证，提高数据安全管理能力和水平。加快建立健全数据资产交易、流通和安全保护等制度和标准规范。在符合法律法规要求、确保安全前提下，优化监管体系，提升数据跨境流动的便利性。

10.2　长期导向：从“政策创新”走向“制度创新”

当前，国家层面的对外开放已从“政策型开放”逐步向“制度型开放”递进提升。本书认为未来政府及相关部门的工作思维应该从政府积极管理转为培育市场主体自发创新，工作重点也应当从“政策创新”走向“制度创新”。在传统体制下，政府对于企业行为的管理是审批制，属于“正面清单”管理(与自贸试验区引用的“负面清单”管理对应)。在这种管理方式下，企业的创新是被动的和封闭的。

创新是一项长周期且高不确定性的活动，创新主体(以跨国生物医药企业为主)对于未来的预期管理也能体现其创新的程度。持续吸引跨国公司研发机构在沪的集聚和转型，从长远的角度出发，更需要平衡好政府与市场(企业)的关系。本书认为，围绕创新活动，未来政府及相关部门与市场的关系可以考虑调整到“负面清单”管理思维和工作方式上。对企业和个人而言，法无禁止皆可为，要敢于创新、勇于创新；对于政府的施政行为而言，法无授权不可为。制度创新的举措包含但不限于以下几方面：

(1)允许自由的学术讨论，营造宽松的创新氛围；

(2)引导全社会正确看待风险的“一体两面”，提升对创新失败的容忍度，建立包容科学家、企业家甚至是政策制定者创新失败的容错制度；

(3)切实发挥创新主体即企业的主观能动性，尊重市场和企业作为转化科创成果的主赛道和主人翁地位；

(4)完善按劳分配机制，鼓励长期科创投入和收益向个人倾斜的分配制度；

(5)对于科创人才的培养坚持国际化、专业化道路。

参考文献

经济网. 深圳计划实现“20＋8”重点产业高端紧缺岗位清单研究制定全覆盖[EB/OL]. [2025－01－13]. https://www.21jingji.com/article/20250113/herald/58346c46f9cc8901290b9bd20fab42d4.html.

阿斯利康中国. 阿斯利康全球研发中国中心正式开幕，助力上海打造世界级生物医药产业高地[EB/OL]. [2021－10－11]. https://www.astrazeneca.com.cn/zh/media/press-releases/2021/.html.

白露，王向阳. FDI技术溢出机理及对策研究[J]. 工业技术经济，2009，28(5)：110－111，114.

北京市人力资源研究中心，北京人才发展战略研究院. 北京地区人才资源统计报告(2023)[EB/OL]. [2025－02－10]. https://www.bj-talents.cn/upload/file/20250210/9dd869bb655e43229dda2de4913b842d.pdf.

宾建成，王宇琛. 新基建背景下海外研发中心引进研究——基于东道国人力资本和知识产权保护视角的探讨[J]. 经济论坛，2020(8)：69－75.

曹威麟，姚静静，余玲玲，等. 我国人才集聚与三次产业集聚关系研究[J]. 科研管理，2015，36(12)：172－179.

曹雄飞，霍萍，余玲玲. 高科技人才集聚与高技术产业集聚互动关系研究[J]. 科学学研究，2017，35(11)：1631－1638.

成鹏飞，李梦佳，周向红，等. 大学科技城协同创新体系：现实问题与优化策略[J]. 北京城市学院学报，2023(5)：19－25.

第一财经日报. 500强企业为何将全球研发中心放在上海：及时抓需求[EB/OL].

[2017－04－25]. http://finance. sina. com. cn/roll/2017-04-25/doc-ifyepsec0827722. shtml.

东方财富网. 吸引30＋中外名企,阿斯利康推动的创新园模式如何赋能医疗产业?[EB/OL]. [2020－11－12]. https://caifuhao. eastmoney. com/news/20201112103244174725350.

方厚政. 企业R&D外包的动机与风险浅析[J]. 国际技术经济研究,2005(4):21－25.

方伟,杨眉. 高新技术产业集群知识溢出对企业技术追赶的影响[J]. 科技进步与对策,2020,37(9):87－95.

甘水玲,刘晋元. 上海企业科技人才空间集聚效率评价及影响因素分析——以规模以上工业企业为例[J]. 科技管理研究,2021,41(6):71－79.

高锦萍,李林,万岩. 我国企业研发组织模式创新研究:分类、现状与趋势[J]. 上海管理科学,2014,36(1):55－59.

郭金花,陈鑫. 科技人才集聚与经济高质量发展:技术红利还是结构红利?[J]. 创新科技,2021,21(11):75－84.

郭金花,郭淑芬,郭檬楠. 城市科技型人才集聚的时空特征及影响因素——基于285个城市的经验数据[J]. 中国科技论坛,2021(6):139－148.

韩凤芹,蔡佳颖. 引才政策、空间溢出与创新提升——基于城市空间异质性的实证[J]. 科学学研究,2022,40(12):2138－2149.

韩剑. 基于集聚效应的我国企业R&D区位选择研究[J]. 软科学,2008(11):35－38.

韩联郡,李侠. 研发活动、科学文化土壤与高端科技人才集聚[J]. 科学与社会,2018,8(4):80－93.

杭州市人民政府. 2022杭州国际人才交流与项目合作大会成功举办[EB/OL]. [2022－11－16]. https://www. hangzhou. gov. cn/art/2022/11/16/art_812262_59068637. html.

杭州市人民政府办公厅. 关于贯彻落实《浙江省人民政府办公厅关于印发浙江省海外高层次人才居住证管理暂行办法的通知》的实施意见[EB/OL]. [2023－02－09]. https://www. hangzhou. gov. cn/art/2023/2/9/art_1229063382_1829454. html.

杭州市人社局. 2020年工作总结2021年工作计划[EB/OL]. [2021－07－12]. http://hrss. hangzhou. gov. cn/art/2021/7/12/art_1229578389_4084822. html.

杭州市住房保障和房产管理局."筑巢引凤",杭州已落实58个人才专项租赁住房项目[EB/OL].[2021－03－19]. http://fgj.hangzhou.gov.cn/art/2021/3/19/art_1229265015_58873054.html.

何舜辉,杜德斌,王俊松.上海市外资研发机构的空间演化及区位因素[J].地理科学进展,2018,37(11):1555－1566.

贺灿飞,肖晓俊.跨国公司功能区位实证研究[J].地理学报,2011,66(12):1669－1681.

胡婧玮,郭金花.高质量发展背景下科技人才集聚的生产率效应差异研究[J].经济问题,2021(3):26－31.

胡璇,杜德斌.外资企业研发中心在城市内部的时空演化及机制分析——以上海为例[J].经济地理,2019,39(7):129－138.

黄江泉,汪普庆.人力资本集聚的机理研究——以长株潭地区人力资本集聚情况为例[J].中国人力资源开发,2010(11):5－8.

黄晓红,刘伟巍.区域金融发展在外资企业知识溢出中的作用[J].上海金融,2015(12):14－18.

黄兴原,司洋洋,徐川,等.科技人才集聚的影响因素与集聚效应优化研究[J].智库时代,2020(14):7－8.

黄烨菁.促进跨国公司研发中心融入上海科技创新中心建设机制研究[J].科学发展,2018(2):17－25.

霍丽霞,王阳,魏巍.中国科技人才集聚研究[J].首都经济贸易大学学报,2019,21(5):13－21.

纪建悦,张学海.我国科技人才流动动因的实证研究[J].中国海洋大学学报:社会科学版,2010(3):65－69.

健康界.罗氏、西门子医疗、默沙东、赫力昂、礼来、艾尔建美学、武田等公司新动态[EB/OL].[2022－10－11]. https://www.cn-healthcare.com/articlewm/20221011/content-1447983.html.

健康界.强生创新挑战赛来袭 你的孵化器功课做了吗?[EB/OL].[2018－07－

12]. https://www.cn-healthcare.com/article/20180712/content-505634.html.

姜怀宇,徐效坡,李铁立. 1990年代以来中国人才分布的空间变动分析[J]. 经济地理,2005(5):702—706.

经济日报. 构建开放创新生态 外资研发中心吸引更多创新资源[EB/OL]. [2023—02—09]. https://m.gmw.cn/baijia/2023-02/09/36355082.html.

乐艳娜. 跨国药企的中国创新[J]. 中国外资,2021(7):22—25.

黎文靖,郑曼妮. 实质性创新还是策略性创新?——宏观产业政策对微观企业创新的影响[J]. 经济研究,2016,51(4):60—73.

李纲,刘益,廖貅武. 基于吸收能力和知识溢出的合作研发模型[J]. 系统工程,2007(12):70—74.

李纲. 考虑垂直溢出的三级产业链纵向研发合作模型[J]. 科学学与科学技术管理,2014,35(7):49—58.

李庚. 基于孵化器视角的科技型中小企业创新能力提升对策分析[J]. 江苏科技信息,2022,39(24):1—4.

李国平,方晓晖. 基于价值链分工的跨国生物医药企业在华布局模式[J]. 地域研究与开发,2016,35(4):6—11.

李娟,马丽莎. 营商环境对企业家精神的影响研究[J]. 商业经济,2020(2):105—107.

李慷,黄辰,邓大胜. 省级科技人才政策对科技人才集聚的影响分析[J]. 调研世界,2021(7):41—47.

李敏,郭群群,雷育胜. 科技人才集聚与战略性新兴产业集聚的空间交互效应研究[J]. 科技进步与对策,2019,36(22):67—73.

李培园,成长春,严翔. 科技人才流动与经济高质量发展互动关系研究——以长江经济带为例[J]. 科技进步与对策,2019,36(19):131—136.

李平,许家云. 金融市场发展、海归与技术扩散:基于中国海归创办新企业视角的分析[J]. 南开管理评论,2011,14(2):150—160.

李瑞,吴殿廷,鲍捷,等. 高级科学人才集聚成长的时空格局演化及其驱动机制——基于中国科学院院士的典型分析[J]. 地理科学进展,2013,32(7):1123—1138.

李毅,时秀梅,周燕华,等. 跨国公司在华R&D区位演绎与决定因素——基于研发功能演化的视角[J]. 科研管理,2011,32(2):59—66.

刘传俊,王慧敏. 税费负担、市场环境与企业社会责任履行[J]. 会计之友,2020(2):81—89.

刘建兵,柳卸林. 企业研究与开发的外部化及对中国的启示[J]. 科学学研究,2005(3):366—371.

刘鹊,章文光. 跨国公司在华子公司角色定位与发展——基于竞争优势理论[J]. 北京师范大学学报:社会科学版,2016(5):195—204.

刘兰剑,李瑞婷. 内部创新与外源创新谁更有效——来自ICT产业的证据[J]. 科技进步与对策,2019,36(15):7—13.

刘晔,曾经元,王若宇,等. 科研人才集聚对中国区域创新产出的影响[J]. 经济地理,2019,39(7):139—147.

刘再起,吴斯. 市场中介组织与在华外资企业绩效研究——腐败与社会信任的调节作用[J]. 理论月刊,2021,471(3):49—57.

龙小宁,刘灵子,张靖. 企业合作研发模式对创新质量的影响——基于中国专利数据的实证研究[J]. 中国工业经济,2023(10):174—192.

鲁大为,庞云枫,薛国琴. 营商环境改进与科技人才集聚度提升的动态效应研究[J]. 绍兴文理学院学报:自然科学版,2021,41(3):85—94.

马凤岭. 天津市科技企业孵化器的天使投资实践[J]. 科技成果纵横,2008(S1):16—17.

马明,薛晓达,赵国浩. 交通基础设施、人力资本对区域创新能力影响的实证研究[J]. 北京理工大学学报:社会科学版,2018,20(1):95—101.

马心竹. 中国对外直接投资的动因分析[J]. 中国商贸,2014(29):139—140.

马勇,杜德斌,周天瑜,等. 地方创新环境对外资研发活动的影响分析——深厦甬青连五市的比较[J]. 科学学与科学技术管理,2009,30(5):61—67.

聂萼辉. 跨国公司海外研发投资公共区位影响因素研究[J]. 对外经贸,2013(6):40—42.

牛冲槐，杜弼云，牛彤. 科技型人才聚集对智力资本积累与技术创新影响的实证分析[J]. 科技进步与对策，2015，32(10)：145－150.

牛冲槐，接民，张敏，等. 人才聚集效应及其评判[J]. 中国软科学，2006(4)：118－123.

牛冲槐，张帆，封海燕. 科技型人才聚集、高新技术产业聚集与区域技术创新[J]. 科技进步与对策，2012，29(15)：46－48，50－51.

潘庆中. 国际人才引进、激励、融入战略探析[J]. 人民论坛・学术前沿，2021(24)：33－41.

潘涌，茅宁. 创业加速器研究述评与展望[J]. 外国经济与管理，2019，41(1)：30－44.

裴玲玲. 科技人才集聚与高技术产业发展的互动关系[J]. 科学学研究，2018，36(5)：813－824.

浦东时报. 礼来中国创新合作中心在上海成立[EB/OL]. [2018－03－27]. http://www.pdtimes.com.cn/html/2018-03/27/content_3_1.htm.

强生官网. 下一个健康突破在哪儿？——专访强生创新亚太区负责人王丹[EB/OL]. [2019－10－08]. https://www.jnj.com.cn/innovation/20191008112534.

秦庆. 全球价值链重构背景下中国引进外资的挑战、机遇与策略[J]. 对外经贸实务，2020(8)：85－88.

邱士雷，王子龙，杨琬琨，等. 高技术产业创新能力的空间集聚效应分析[J]. 研究与发展管理，2018，30(6)：128－137.

人民日报. 这个"会客厅"活力四射！上海剑指世界级生物医药产业[EB/OL]. [2022－11－17]. https://baijiahao.baidu.com/s?id=1749731375724668149&wfr=spider&for=pc.

人民日报. 上海发布人才高峰工程行动方案[EB/OL]. [2018－03－27]. https://www.gov.cn/xinwen/2018-03/27/content_5277632.htm.

人民网. 跨国公司，"还是愿意到中国投资"[EB/OL]. [2022－07－12]. http://finance.people.com.cn/n1/2022/0712/c1004-32472269.html.

单蒙蒙，尤建新，邵鲁宁. 产业创新生态系统的协同演化与优化模式：基于张江生物医药产业的案例研究[J]. 上海管理科学，2017，39(3)：1－7.

上海 18 位科学家新当选两院院士[EB/OL]. [2023－11－23]. https://www.shanghai.gov.cn/nw4411/20231123/1c8161f230644b9e814713c536a2e0b7.html.

上海发展改革. 在沪跨国公司研发中心调研研究[EB/OL]. [2020－06－17]. https://sghservices.shobserver.com/html/baijiahao/2020/06/17/207934.html.

上海市交通委员会. 2023 年度上海市城市轨道交通服务质量评价结果[EB/OL]. [2025－03－31]. https://jtw.sh.gov.cn/zxzfxx/20240208/b00cc25787c84ab08c415eb49e38b2de.html.

上海市科学技术委员会. 上海将如何持续推动生物医药科技创新和产业的高质量发展？[EB/OL]. [2024－03－04]. https://stcsm.sh.gov.cn/xwzx/gzdt/20240304/7339e57c8eee4b32b2e9ae48ae5ee527.html.

上海市民政局. 上海市社会工作人才队伍建设"十四五"规划[EB/OL]. [2022－03－15]. https://mzj.sh.gov.cn/mz-jhgh/20220315/23b4413667254a4cbaf0064f60791112.html.

上海市人力资源和社会保障局. 创新驱动成效显著 科技自强蹄疾步稳——党的十八大以来经济社会发展成就系列报告之十[EB/OL]. [2022－10－13]. https://rsj.sh.gov.cn/t02_17767/20221013/t0035_1410633.html.

上海市人力资源和社会保障局. 集聚 411 家人力资源服务企业，筹措人才安居住房 23000 套，"静"悦远来，安聚英才！[EB/OL]. [2022－10－14]. https://rsj.sh.gov.cn/t04_17769/20221014/eabfc27cf6ab4aef840d821d8606f84b.html.

上海市人力资源和社会保障局. 上海加快建设高水平人才高地，让各类人才汇聚扎根、干事创业、实现价值[EB/OL]. [2021－10－08]. https://rsj.sh.gov.cn/tszf_17089/20211008/t0035_1402926.html.

上海市人力资源社会保障局. 关于印发《留学回国人员申办上海常住户口实施细则》的通知[EB/OL]. [2021－01－29]. https://www.shanghai.gov.cn/202102gfxwj/20210129/8b43148eec5b433d8fcbb4a6e6e2618c.html.

上海市人力资源社会保障局. 关于印发《上海市引进人才申办本市常住户口办法实施

细则》的通知[EB/OL]. [2021－01－29]. https://www. shanghai. gov. cn/202102gfxwj/20210129/50b3db9d77694ba09b3870fda5f96e81. html.

上海市人力资源社会保障局. 关于优化本市居住证转办常住户口政策的通知[EB/OL]. [2021－01－19]. https://www. shanghai. gov. cn/202102gfxwj/20210129/57347917492147899980f342bb85d3f0. html.

上海市人民政府. “不见面”审批 4.0 版 大力吸引外国人才等有关事项(中英日韩 四语版)[EB/OL]. [20231－03－02]. https://www. shanghai. gov. cn/nw17239/20210302/9265b0756dd442fbaebdf38de046383b. html.

上海市人民政府. 2016 年《关于促进金融服务创新支持上海科技创新中心建设的实施意见》的通知[EB/OL]. [2016－03－28]. http://www. gov. cn/zhengce/2016-03/28/content_5058933. htm.

上海市人民政府. 关于进一步支持外资研发中心参与上海具有全球影响力的科技创新中心建设的若干意见[EB/OL]. [2020－08－23]. https://www. shanghai. gov. cn/nw42638/20200823/0001-42638_54238. html.

上海市人民政府. 关于修订《上海市优秀科技创新人才培育计划管理办法》的通知[EB/OL]. [2023－04－20]. https://www. shanghai. gov. cn/yscxcy2/20230420/3811346df5b74ae39a384b23ddac46aa. html.

上海市人民政府. 关于印发《鼓励留学人员来上海工作和创业的若干规定》的通知[EB/OL]. [2021－02－105]. https://www. shanghai. gov. cn/nw12344/20210205/3130a0e7906547a3b5e5602d3176be40. html.

上海市人民政府. 关于印发《上海市张江科学城发展“十四五”规划》的通知[EB/OL]. [2021－07－16]. https://www. shanghai. gov. cn/nw12344/20210716/ebe18fe83b724f14b9120d218ec33ed0. html.

上海市人民政府. 关于印发修订后的《上海市鼓励跨国公司设立地区总部的规定》的通知[EB/OL]. [2022－11－07]. https: //www. shanghai. gov. cn/nw12344/20221107/6fa86f4b65554f43bc9633fca378ffa9. html.

上海市人民政府. 上海市财政局等关于印发《关于进一步完善地方教育附加专项资金

分配使用办法加强企业职工职业培训的实施意见》的通知[EB/OL]. [2020—09—29]. https://www.shanghai.gov.cn/nw49069/20200929/0001-49069_65091.html.

上海市人民政府. 上海市国民经济和社会发展第十三个五年规划纲要[EB/OL]. [2020—08—21]. https://www.shanghai.gov.cn/nw39378/20200821/0001-39378_1101146.html.

上海市人民政府办公厅.《关于促进金融服务创新支持上海科技创新中心建设的实施意见》的通知[EB/OL]. [2016—03—28]. https://www.gov.cn/zhengce/2016-03/28/content_5058933.htm.

上海市人民政府办公厅. 关于促进本市生物医药产业高质量发展的若干意见[EB/OL]. [2021—05—19]. https://www.shanghai.gov.cn/2021hfbgwg/20210519/2d51b319d0af457dab381045d8cd4b02.html.

上海市人民政府办公厅. 关于印发《上海市促进在线新经济发展行动方案(2020—2022年)》的通知[EB/OL]. [2020—08—25]. https://www.shanghai.gov.cn/nw48503/20200825/0001-48503_64687.html.

上海市人民政府办公厅. 关于印发《上海市鼓励设立和发展外资研发中心的规定》的通知[EB/OL]. [2020—11—24]. https://www.shanghai.gov.cn/nw12344/20201124/585e07c468d24a2eb8adf9ca1420ea5d.html.

上海市人民政府办公厅. 关于印发《上海市加快打造全球生物医药研发经济和产业化高地的若干政策措施》的通知[EB/OL]. [2022—11—18]. https://www.shanghai.gov.cn/nw12344/20221118/57912cee07a540eda9d0fe1ab70e31d7.html.

上海市商务委员会. 上海市外商投资条例[EB/OL]. [2020—10—12]. https://sww.sh.gov.cn/swdt/20201012/1fbecfc2d2264e6db9f7c0c00fb9eb20.html.

上海市统计局. 2021年上海市国民经济和社会发展统计公报[EB/OL]. [2022—03—14]. https://tjj.sh.gov.cn/tjgb/20220314/e0dcefec098c47a8b345c996081b5c94.html.

沈斌. 高科技企业更适合开放式创新[J]. 中国外资,2022(11):29—31.

盛亚,于卓灵. 浙江省科技人才集聚的政策效应[J]. 技术经济,2015,34(6):43—47,84.

搜狐网. 上海高校大揭秘！一文读懂申城高校资源[EB/OL]. [2025—03—31]. https://learning. sohu. com/a/www. sohu. com/a/871732652_122314688.

苏楚，杜宽旗. 创新驱动背景下 R&D 人才集聚影响因素及其空间溢出效应——以江苏省为例[J]. 科技管理研究，2018，38(24)：96－102.

苏州市人民政府. 2023 年政府工作报告[EB/OL]. [2023－01－07]. https://www. suzhou. gov. cn/szsrmzf/zfgzbg/202301/7fbb021f27dd4d269bc87d0e278bb6a6. shtml.

孙红军，张路娜，王胜光. 科技人才集聚、空间溢出与区域技术创新——基于空间杜宾模型的偏微分方法[J]. 科学学与科学技术管理，2019，40(12)：58－69.

孙洋，李春艳，陈艺毛，等. 国际知识溢出对中国内资企业创新产出的影响——FDI 渠道、进口贸易渠道与吸收能力的调节作用[J]. 西部论坛，2020，30(3)：106－115.

孙早，韩颖. 外商直接投资、地区差异与自主创新能力提升[J]. 经济与管理研究，2018，39(11)：92－106.

腾讯新闻. 又一批重磅企业决定加入浦东这个计划，用开放赋能本土创新[EB/OL]. [2021－12－02]. https://news. qq. com/rain/a/20211202A032C000.

滕堂伟. 生物医药产业集群创新网络结构演化及其空间特性[J]. 兰州学刊，2015(12)：185－191.

宛群超，袁凌，谭志红. 科技人才集聚、市场竞争及其交互作用对高技术产业创新绩效的影响[J]. 软科学，2021，35(11)：7－12.

王俊松，颜燕. 在华跨国公司功能区位的时空演化研究[J]. 地理科学，2016，36(3)：352－358.

王康，李逸飞，李静，等. 孵化器何以促进企业创新？——来自中关村海淀科技园的微观证据[J]. 管理世界，2019，35(11)：102－118.

王伟，王海斌. 科技型组织人才集聚效应研究[J]. 大连理工大学学报：社会科学版，2019，40(4)：74－80.

王向阳，卢艳秋，赵英鑫. 技术溢出与技术差距：线性关系还是二次非线性关系[J]. 科研管理，2011，32(8)：51－56，66.

王雅洁，张森. 中国省域知识溢出对区域创新的影响研究——基于吸收能力的视角[J]. 华东经济管理，2020，34(8)：44－54.

王莹.资本市场开放与企业人力资本结构升级——基于“沪港通”和“深港通”交易制度的准自然实验[J].现代经济探讨,2022(5):27—42.

吴启明.政府对跨国公司创新溢出效应的影响机制研究——以在沪跨国公司研发中心为例[J].上海经济,2019(4):82—93.

武扬,韩霞.跨国公司研发集聚与区域创新耦合分析——以上海市为例[J].工业经济论坛, 2015(3):112—120.

谢文栋.科技金融政策能否提升科技人才集聚水平——基于多期DID的经验证据[J].科技进步与对策,2022,39(20):131—140.

新华社.上海2022年实际使用外资规模创新纪录[EB/OL].[2023—02—06].https://m.gmw.cn/baijia/2023-02/06/36349407.html.

新华网.从一个到一群 量变引发质变——上海自贸区五周年回眸[EB/OL].[2018—09—28].http://www.xinhuanet.com/politics/2018-09/28/c_1123498113.htm.

新浪财经.开放创新火了!又一批大企业在浦东开了这个中心[EB/OL].[2022—08—24].https://finance.sina.com.cn/jjxw/2022-08-24/doc-imizirav9511363.shtml.

新浪财经.信达生物与礼来深化肿瘤领域战略合作[EB/OL].[2022—03—28].https://finance.sina.com.cn/roll/2022-03-28/doc-imcwiwss8503990.shtml.

新闻晨报.95后流动人才集聚一、二线城市,智联招聘出具《2024中国城市人才吸引力排名》[EB/OL].[2025—03—31].https://baijiahao.baidu.com/s?id=1817060464171504266&wfr=spider&for=pc.

徐斌,罗文.价值链视角下科技人才分布对区域创新系统效率的影响[J].科技进步与对策, 2020,37(3):52—61.

徐广辉.科技企业加速器运营机制比较及对广西的启示分析[J].现代信息科技,2019,3(20):194—195,198.

徐莉.跨国经营中的文化冲突问题和跨文化管理策略[J].南京财经大学学报,2006(6): 68—71.

徐晓巍.跨国公司在华研发战略:挑战与对策[J].世界经济研究,2003(12):20—25.

研阅百科.顶级百家医院榜单出炉!中国哪个城市在医疗领域排名第一?[EB/OL].

[2025－03－31]. https://baijiahao. baidu. com/s? id＝1812851158603005362&wfr＝spider&for＝pc.

杨凡，杜德斌，段德忠，等. 城市内部研发密集型制造业的空间分布与区位选择模式——以北京、上海为例[J]. 地理科学，2017，37(4)：492－501.

杨立青. 上海市生物医药产业发展简报(2024 年)[EB/OL]. [2025－03－31]. http://mp. weixin. qq. com/s? __biz＝MzI5NzY0NDQyNQ＝＝&mid＝2248390595&idx＝4&sn＝0157f2eb171fad53070c06cfa39b7aa3&chksm＝ee2c8746d99f741caf1cbf0679daea7e5cf035a67a98176ffb441b80cb56daa9fccdd694d24f＃rd.

杨思莹，李政. 高铁开通对区域创新格局的影响及其作用机制[J]. 南方经济，2020(5)：49－64.

袁润兵，李元旭. 跨国公司知识来源与开放式创新[J]. 商业时代，2006(5)：6－7.

詹晓宁，贾辉辉，齐凡. 后疫情时代国际生产体系大转型：新趋势和未来方向[J]. 国际贸易，2021(9)：4－14.

张方华. 跨国公司研发本土化过程中的知识溢出路径分析[J]. 苏州大学学报：哲学社会科学版，2011，32(2)：126－130，192.

张杰，郑文平. 全球价值链下中国本土企业的创新效应[J]. 经济研究，2017，52(3)：151－165.

张美丽，李柏洲. 中国人才集聚时空格局及影响因素研究[J]. 科技进步与对策，2018，35(22)：38－44.

张仁开. 跨国公司在沪创新功能性平台发展思路研究[J]. 科学发展，2017(6)：27－33.

张所地，张婷婷，赵华平，等. 城市不动产投资结构对科技人才集聚的门限效应[J]. 科学学研究，2020，38(8)：1408－1416.

张体勤，刘军，杨明海. 知识型组织的人才集聚效应与集聚战略[J]. 理论学刊，2005(6)：70－72.

张菀洺. 竞争与共赢：中国民营企业与跨国公司合作前瞻[J]. 学术月刊，2007(2)：92－97.

张扬. 创新型城市试点政策提升了科技人才集聚水平吗——来自 240 个地级市的准

自然实验[J].科技进步与对策,2021,38(12):116－123.

张宇馨.制造业FDI与服务业FDI区位决策的互动影响——基于我国省际面板数据的实证分析[J].山西财经大学学报,2012,34(2):46－55.

张战仁,刘卫东,杜德斌.跨国公司全球研发网络投资的空间组织解构及过程[J].地理科学,2021,41(8):1345－1353.

章文光.跨国公司在华研发人才本土化战略的人力资源效应[J].山东社会科学,2011(8):128－131.

赵新正,宁越敏,魏也华.上海外资生产空间演变及影响因素[J].地理学报,2011,66(10):1390－1402.

郑飞虎,曹思未.跨国公司研发策略部署与开放式创新——来自中国的新发现[J].南开经济研究,2021(4):20－41.

郑江淮,荆晶.技术差距与中国工业技术进步方向的变迁[J].经济研究,2021,56(7):24－40.

中国新闻网.红杉中国首个智能医疗加速器正式启用[EB/OL].[2021－11－17].https://www.sh.chinanews.com.cn/fzzx/2021-11-17/93377.shtml.

中华人民共和国中央人民政府.关于促进制造业有序转移的指导意见[EB/OL].[2022－01－15] https://www.gov.cn/zhengce/zhengceku/2022-01/15/content_5668321.htm.

中华人民共和国中央人民政府.上海市财政局等关于印发《关于进一步完善地方教育附加专项资金分配使用办法加强企业职工职业培训的实施意见》的通知[EB/OL].[2020－09－29] https://www.shanghai.gov.cn/nw49069/20200929/0001-49069_65091.html.

中证网.礼来"重开"中国创新中心 将与本土企业合作前期药物研发[EB/OL].[2018－03－15].https://www.cs.com.cn/cj2020/201803/t20180315_5745501.html.

朱晨,杨晔.本土企业与跨国公司合作研发诱发机制研究[J].科研管理,2018,39(10):61－69.

诸竹君,黄先海,王毅.外资进入与中国式创新双低困境破解[J].经济研究,2020,55(5):99－115.

祝影,孙锐,翟峰.外资研发如何影响自主创新?——基于外资研发溢出路径的模型与实证[J]. 科研管理,2016,37(12):28—36.

宗凡,王莉芳,刘启雷.国家创新体系包容性视角下高校与外资研发机构合作模式演进研究[J]. 科技进步与对策,2017,34(4):129—133.

Ahokangas P, Hyry M, Rsnen P. Small Technology-based Firms in a Fast-growing Regional Cluster[J]. New England Journal of Entrepreneurship, 1999(2): 19—26.

Arnold U. New Dimensions of Outsourcing: A Combination of Transaction Cost Economics and the Core Competencies Concept[J]. European Journal of Purchasing & Supply Management, 2000,6(1):23—29.

Berry H. Global Integration and Innovation: Multicountry Knowledge Generation within MNCs'[J]. Strategic Management Journal, 2014,35(6):869—890.

Burstein A T, Monge-Naranjo A. Foreign Know-how, Firm Control, and the Income of Developing Countries[J]. The Quarterly Journal of Economics, 2009, 124(1): 149—195.

Claude D, Jacquemin, A. Cooperative and Noncooperative R&D in Duopoly with Spillovers[J]. The American Economic Review,1988,78(5):1133—1137.

Cohen S. What do Accelerators do? Insights from Incubators and Angels[J]. Innovations: Technology, Governance, Globalization,2013,8(3):19—25.

Cohen W M, Levinthal D A. Absorptive Capacity: A New Perspective on Learning and Innovation[J]. Administrative Science Quarterly,1990,35(1):128—152.

Filieri R,Alguezaui S. Structural Social Capital and Innovation. Is Knowledge Transfer the Missing Link? [J]. Journal of Knowledge Management,2014,18(4): 728—757.

Findlay R. Relative Backwardness, Direct Foreign Investment, and the Transfer of Technology: A Simple Dynamic Model[J]. Quarterly Journal of Economics, 1978, 92(1): 1—16.

Frenzen P D. Economic Cost of Guillain Barre Syndrome in the United States[J]. Neurology,2008(71):21—27.

Gilbert B A，McDougall P P，Audretsch D B. Clusters，Knowledge Spillovers and New Venture Performance：An Empirical Examination[J]. Journal of Business Venturing，2008，23(4)：405—422.

Hansen M T，Chesbrough H W，Nohria N，et al. Networked incubators[J]. Harvard business review，2000，78(5)：74—84.

Holmes R M，Haiyang Li，Hitt M A，Kaitlyn DeGhetto，Trey Sutton. The Effects of Location and MNC Attributes on MNCs' Establishment of Foreign R&D Certers：Evidence from China[J]. Long Range Planning. 2016，49 (5)：594—613.

Invest Tokyo. Program to Increase Foreign Entrepreneurs[EB/OL]. [2025—03—22]. https://www. startup-support. metro. tokyo. lg. jp/for_foreign/bdc_tokyo/en/fhr/.

Kandel E，Lazear E P. Peer Pressure and Partnerships[J]. Journal of Political Economy，1992，100(4)：801—817.

Kolstad I，Villanger E. Determinants of Foreign Direct Investment in Service[J]. European Journal of Political Economy，2008，24(2)：518—533.

Krugman P. Geography and Trade[M]. Cambridge：The MIT Press，1991.

Kumar N. Determinants of Location of Overseas R8D Activity of Multinational Enterprises：The Case of US and Japanese Corporations[J]. Research Policy，2001(30)：159—174.

Leblebici H，Shah N. The Birth，Transformation and Regeneration of Business Incubators as New Organisational Forms：Understanding the Interplay between Organisational History and Organisational Theory[J]. Business History，2004，46(3)：353—380.

Lin B W，Wu C H. How Does Knowledge Depth Moderate the Performance of Internal and External Knowledge Sourcing Strategies? [J]. Technovation，2010，30(11—12)：582—589.

Malerba F，Mancusi M L，Montobbio F. Innovation，International R&D Spillovers and the Sectoral Heterogeneity of Knowledge Flows[J]. Review of World Economics，2013(149)：697—722.

Mao H，Liu G，Zhang C，Atif R M. Does Belt and Road Initiative Hurt Node Countries? A Study from Export Perspective[J]. Emerging Markets Finance and Trade，2019，55(7):327—336.

Palivos T，Wang P. Spatial Agglomeration and Endogenous Growth[J]. Regional Science and Urban Economics，1996，26(6):645—669.

Price R. The Role of Service Providers in Establishing Networked Regional Business Accelerators in Utah[J]. International Journal of Technology Management，2004，27(5):465—474.

Regmi K，Ahmed S A，Quinn M. Data Driven Analysis of Startup Accelerators[J]. Universal Journal of Industrial and Business Management，2015，3(2):54—57.

Teirlinck P，Spithoven A. Spatial Inequality and Location of Private R&D Activities In Belgian Districts[J]. Tijdschrift voor Economische en Sociale Geografie，2005，96(5):558—572.

Zhan J X. GVC Transformation and A New Investment Landscape in the 2020s: Driving Forces，Directions，and A Forward-looking Research and Policy Agenda[J]. Journal of International Business Policy，2021，4(2):206—220.